本研究受到国家社会科学基金项目

"大国效应、分工经济和国家之间收入差距的研究"（15BJL072）

广州大学重点人才项目

"大国要素结构变化促进经济结构转型及制约条件"

（RD2020014）的资助

大国发展经济学系列 ｜ 欧阳峣 主编

Development Economics Series of Large Countries

Large Country Effect,
Labor Division Economy and
National Income Gap

大国效应、分工经济
与国家收入差距

李君华 ／著

北京大学出版社

PEKING UNIVERSITY PRESS

图书在版编目(CIP)数据

大国效应、分工经济与国家收入差距/李君华著. —北京:北京大学出版社,
2022.10
(大国发展经济学系列)
ISBN 978 – 7 – 301 – 31833 – 1

Ⅰ.①大⋯　Ⅱ.①李⋯　Ⅲ.①收入差距—研究—世界　Ⅳ.①F113.4

中国版本图书馆 CIP 数据核字(2020)第 218146 号

书 名	大国效应、分工经济与国家收入差距
	DAGUO XIAOYING、FENGONG JINGJI YU GUOJIA SHOURU CHAJU
著作责任者	李君华　著
责任编辑	杨丽明
标准书号	ISBN 978 – 7 – 301 – 31833 – 1
出版发行	北京大学出版社
地 址	北京市海淀区成府路 205 号　　100871
网 址	http://www.pup.cn　　新浪微博:@北京大学出版社
电子信箱	sdyy_2005@126.com
电 话	邮购部 010 – 62752015　发行部 010 – 62750672
	编辑部 021 – 62071998
印 刷 者	北京溢漾印刷有限公司
经 销 者	新华书店
	730 毫米 × 1020 毫米　16 开本　12.5 印张　174 千字
	2022 年 10 月第 1 版　2022 年 10 月第 1 次印刷
定 价	58.00 元

总　序

　　20 世纪 90 年代初期，发展经济学的奠基人张培刚先生提出，发展中大国应该成为发展经济学的重要研究对象，这就为发展经济学的完善指明了新的路径。当历史的年轮进入 21 世纪的时候，"金砖国家"的崛起使大国经济现象格外引人瞩目，基于这个事实，我们追寻张培刚先生的命题，开始在大国经济发展理论这块沃土辛勤"耕作"。

　　科学发展不仅需要探索规律，而且需要构建知识体系。我们试图以发展中大国为研究对象，从人口数量和国土面积这两个初始条件出发，以规模和结构为逻辑起点，系统分析大国经济发展的典型特征、特殊机制和战略选择，致力于构建一个逻辑自洽的理论体系。摆在读者面前的"大国发展经济学系列"，将从逻辑体系、大国效应、人力资源、自然资源、需求动力、对外贸易、技术创新和结构转型的视角，在专题性研究基础上形成系统性成果，进而演绎成大国发展经济学的理论雏形。

　　建设中国风格的经济学话语体系，这是当代中国经济学家的梦想。我们以撰写可以传承的著作为目标，秉承创新精神和精品意识，将这套"大国发展经济学系列"呈现给中国乃至全世界，并期望能够形成国际影响力，在学术追梦的道路上留下新的印迹。

欧阳峣

2018 年 3 月于岳麓山

摘　　要

　　本书的研究目标是，运用现代经济学研究方法在空间一般均衡框架下对大国特征通过市场潜力、分工深化、规模效应和产业链效应影响国家之间收入差距的机理进行研究，并运用各国经济数据进行检验，试图归纳出经济增长的跨国差异和经济结构演变的一般规律。围绕这一研究目标，我们应解决三个关键问题：其一，人口规模和国土面积等大国特征是否对大国的人均实际收入具有正向影响；其二，由于现实中有许多大国的人均实际收入比小国更低，因此，我们必须弄清楚，是什么原因造成了这种"大国悖论"？其三，应如何解决大国经济发展的难题？根据模型的研究结果，我们将本书的主要研究结论报告如下：

　　第一，人口规模与大国人均实际收入的优势具有正相关关系，即便各个国家之间存在贸易交往，也是如此。不过，如果将土地面积和自然资源数量的有限性考虑进来，当人口规模特别大而导致其人均土地占有量急剧减少时，人口规模与经济发展水平的这种正向关系可能不再成立。在人口规模和其他条件不变的情况下，土地面积和资源储量对于各国人均收入差异具有单调的正向影响。其理由是，较大的土地面积和资源量可以缓解人口拥挤的压力，使大国能够容纳较大的人口规模。如果一个国家既有较大的国土面积和资源量，又有较大的人口规模，那么，大国效应在该国出现的概率就会更大。对于人口规模与经济发展水平的正向关系，可主要从市场规模、分工经济、专业化经济和全产业链效应、知识溢出效应和运输成本节约等几个方面考虑。

　　第二，若大国的人口规模超出一定程度，导致该国人均土地占有量特别低，该国就有可能陷入"马尔萨斯陷阱"。这时，如果该国能逐步退出土地密集型产业，转而向资本密集型和劳动密集型产业转型和扩张，就有可能缓解该国人均土地占有量不足的矛盾。决定一国经济结构转型的因素主要有四个：其一是要素结构的变化；其二是新产品和新技术的创造力；其三是参与国际分工的程度和贸易政策是否开放；其四是国内市场是否有效率或交易成本是否较低。

　　要素结构是指一个国家的土地资源、劳动力、资本存量等生产要素的比例。要素结构的变化会通过要素相对价格传递于经济结构，促使该国经济结构作出相应的调整。当一个国家的创新能力较强时，这个国家就会有许多创新技术和新产品问世，这些新技术将投入生产过程。在进行结构调整时，新增产能必须是投资于一种新型产业，或者是用一种成本更低的新方法生产出传统产品。新技术对经济结构转型具有推动性的影响，而要素结构则具有引导性的作用。如果该国人口增多，土地租金就会上涨，于是，劳动力变得相对便宜，这时，该国会尽力发展劳动密集型产业，技术创新也会按节省土地的路径发展。但这一过程是否发生，关键在于该国是否具有创造和发现新技术的能力。这是经济结构转型的重要前提。这种以创新驱动的经济结构转型虽然也会适应要素结构的变化，但其更重要的特征在于改变了生产函数的形式，从而降低了成本，甚至创造了一个新的产业。由新技术引致的投资所生产的产品在市场上是可以出清的，因为其产品生产成本低于传统方法，或者它创造了一个新的市场，从而使投资者可以获得超额利润。只要这种新生产方法、新产品和新技术被市场认可，这种以创新驱动的经济结构转型就一定会发生。新投资必然吸纳从传统产业中转移出来的剩余劳动力，于是，该国经济必然获得快速发展。经济结构转型是否发生，还依赖于这个国家参与国际分工的程度和该国贸易政策是否开放。在封闭经济条件下，经济结构转型的难度非常大。但是，如果该国实施的是开放政策，则该国可将一部分农业活动外包或从其他国家购买，从而转移出大量的劳动力专门从事工商业，以支持本国的非农产业发展。显然，这种经济结构转型之所以会发生，主要是因为本国放弃了一部分农业活动，从而使本国拥有更多的剩余劳动力从事工商业。

第三，制度对于国家之间的贫富差距和经济增长具有较好的解释力。这可以从三个方面来理解：其一，国内市场的改善和交易成本的降低会显著提升一个国家的竞争力。各国市场发育程度和市场交易费用的高低对各个国家的竞争优势具有重大的影响。当一个国家市场发育较好、制度性交易成本和空间运输费用降低时，该国工商业将获得较好的发展，其国内的产业分工程度会显著提高。这时，其他国家的经济活动也会向这个国家转移和集聚，于是，这个国家的竞争力就增强了，其人均国民实际收入也会大幅提高。其二，市场效率的改善或国内市场交易成本的降低对于经济结构转型具有一定的影响。国内市场效率的改善对各种经济活动，尤其是对丰裕要素密集型产业会形成较全面的吸引力，而经济活动的集聚又会对土地租金率产生向上的压力，这又会对土地密集型的农业形成挤出效应，并由此促使该国经济结构从农业向非农产业转型。其三，寻租型的国家管理体制通常会损害一个国家的竞争力。寻租利益的存在会强化一个国家的官本位文化，从而将该国的知识精英都吸纳到官僚体制中，削弱该国商业人才和科研人才的力量。

第四，国家之间运输成本较高是大国效应产生的一个重要条件。当国际运输费用较高时，大国可凭借较大的国内人口规模和本国市场潜力，获得较高的人均实际收入。如果国家之间的运输成本极高，各个国家之间的贸易可能不会发生，这时，世界经济回到自给自足的封闭状态，大国优势将达到最大化，而小国则可能变得十分贫穷。如果运输成本下降，各个国家之间的贸易流量就会扩大，这些国家将同时从贸易中获益，但小国从中获益更多，这将导致各个国家之间收入差距缩小，于是，大国效应趋于减弱，但不会消失。大国效应模型表明，国家之间的贸易会使所有参与国都从贸易中获益，但小国从中获益更多，其原因是：其一，国际分工可以使各国专精于各自具有优势的产业。其二，国际贸易扩大了参与市场的人口总规模，使全球分工程度更高，产品种类增加，于是，所有国家都可以从全球总人口规模的扩大中获得分工的好处。其三，小国在封闭经济条件下的分工程度极低，但一旦参与到全球市场，就可以从全球整体分工中获得溢出效应，这类似于小国在国际贸易中获得了整体规模经济的好处。进一步说，如果多个小国之间通过降低贸易成本和实施开放的贸易政策而联合在一起，那么，这些小国就会获得国家集群的优势。在这些小国联合体与孤立大国相互竞争的时候，小国不一定会处于劣势。

Abstract

The research objective of this book is trying to summarize the general laws of the differences in economic growth across countries and the evolution of economic structure by using modern economic methods to study the mechanism in which the characteristics of large country affect the income gap among countries through market potential, deepening division of production, scale economy and industrial chain effect under the framework of spatial general equilibrium, and testing them by using the economic data of various countries. To achieve this goal, we plan to solve three key problems: Firstly, whether the characteristics of large countries such as population size and land area have a positive impact on the per capita real income; Secondly, what causes the "paradox of large countries" that per capita real income in many large countries is lower than that in small countries; Thirdly, how to deal with the difficulties in economic development of large countries? We demonstrate the main conclusions as follows:

There is a positive correlation between the population size and the advantage of per capita real income of large countries, even if there exists spillover effects from trades across countries. However, the positive relationship between population size and economic development may not exist if the population size is so large that the per capita land area is sharply reduced until beyond a certain critical point. Keeping the population size and other conditions being constant, the land area and resource reserves have a monotonous positive impact on the per capita income of each country, the reason of which lies in that a larger land area and resource reserves can alleviate the pressure of population congestion and enable a large country to accommodate a larger population size. If a country has concurrently a larger land area and population size, there is a bigger probability for it to achieve the large country effect. The large country effect can be considered from such visual angles as market scale, division economy of labor, specialization economy and the whole industrial chain effect, knowledge spillover and saving transportation cost.

The excessive population size of a large country beyond a certain critical point will lead to a very low per capita land, which may make the country fall into the Malthusian poverty trap. It may alleviate the contradiction of the lack of per capita land if the country can gradually transform from the land intensive industry to the capital and labor intensive industries. There are four factors that determine the transformation of a country's economic structure: the change of factor structure, the creativity of new products and technologies, the degree of the participation in the international division of production and of the openness of trade policies, and whether the domestic market is efficient.

Factor structure refers to the proportion of land, labor, capital stock and other production factors in a country. The change of factor structure will be transmitted to the economic structure through the relative price of factors, which will promote the corresponding adjustment of economic structure in the country. In the process of structural adjustment, unless new production capacity is invested in new-type industries, or traditional products are produced by a new way with lower cost, excess capacity will appear. New technology has a driving impact on structural transformation, whose direction is guided by factor structure. If the country's population grows, the land rent will rise, so the labor forces will become relatively cheap. The country may thus try its best to develop labor-intensive industries, and technological innovation will move towards the path of saving land. Whether this process takes place depends on the country's ability to create and discover new technologies, which is an important prerequisite for economic restructuring. Although this innovation driven structural transformation will adapt to the changes of factor structure, it is more important that it changes the form of production function, thus reducing costs, and even creating a new industry. These products, produced by the investment caused by the new technology, can be cleared in the market, because their production costs are lower than that of the traditional methods, or a new market is created. As long as the new production method, new product and new technology are recognized by the market, this innovation driven economic restructuring is bound to occur. New investment will absorb surplus labor transferred from traditional industries, thus the country's economy get rapid growth. Whether the economic structural transformation takes place also depends on the degree of the country's participation in the international division of production and whether the country's trade policy is open. The transformation of economic structure is relatively difficult and slow under the condition of autarky. If the country implements open policies, it can outsource some scarce-factor-intensive activities or purchase some products from other countries, so as to transfer a large number of labor force from traditional industries to new industries to support economic development. Obviously, the reason for this kind of economic structural transformation lies in that the country has given up some traditional economic activities, so that it has more surplus labor force to engage in new industry.

The economic growth and income gap among countries can be smoothly explained by the institution, which can be understood from three aspects: Firstly, the improvement of domestic market and the reduction of transaction costs have a significant impact on the competitiveness of a country. When a country's market is well developed, and institutional transaction costs and spatial transportation costs reduced, its industry and commerce are bound to develop better. Meanwhile, economic activities of other countries will be transferred and gathered to this country, which will enhance the competitiveness of this country, thus making its per capita real income increase. Secondly, the improvement of market efficiency or the reduction of domestic transaction costs has a certain impact on the transformation of economic structure. The improvement of domestic market efficiency will yield a comprehensive attraction for all economic activities, but have a stronger impact on the abundant factor intensive industries. The agglomeration of economic activities will yield a upward-pressure to land rent rate, which may squeeze out land-intensive agriculture, thus promote the transformation of the economic structure from agriculture to non-agricultural industry. Thirdly, the rent-seeking national management system usually damages the competitiveness of a country. The rent-seeking interests will strengthen a country's official oriented culture, absorbing intellectual elites into the bureaucratic system, thus weaken the power of the country's commercial and scientific talents.

The high transportation cost among countries is an important condition for the large country effect. When the cost of international transportation is relatively high, a large country can obtain a higher real per capita income by taking advantage of its relatively large domestic population size and market potential. If the transportation costs are very high, the trade among countries may not happen. At this time, the world economy will return to the state of autarky, and the advantages of large country will be maximized, while the small countries may become very poor. If transport costs fall, trade flows across countries will expand from which all countries will benefit, while small countries get the more buck, which will lead to a narrowing of income gap across countries, so the effect of large country tends to weaken, but will not disappear. The reason small countries benefit more from trades which benefit all participants are as follows: Firstly, International division of production can make each country specialize in its own advantageous industries. Seandly, International trade has expanded the total size of population which participate in the market, increased the degree of global division of production and the total number of product categories, so that all countries can obtain the benefits of division from the expansion of total size of global population. Thirdly, Although the degree of division of production in small countries is very low in autarky, once participating in global market, they can get the spillover effect from the global overall division of production, which is similar to the situation that small countries gain the benefits of overall scale economy in international trade. Furthermore, if small countries are united by reducing trade costs and implementing open policies among them, they will gain the advantages of national clusters. Small country clusters are not doomed be at a disadvantage when they compete with an isolated power.

目　　录

第一章　绪论 ……………………………………………………（ 1 ）

　　第一节　研究背景和意义 ………………………………（ 1 ）

　　第二节　文献综述 ………………………………………（ 3 ）

　　第三节　研究内容 ………………………………………（ 8 ）

　　第四节　研究目标、方法和思路 ………………………（ 9 ）

　　第五节　创新之处 ………………………………………（10）

第二章　大国经济理论的研究方法 ……………………………（12）

　　第一节　相关领域早期研究方法的述评与可借鉴之处 …（13）

　　第二节　大国经济理论的建模方法 ……………………（25）

第三章　大国特征影响国家贫富差距的机理 …………………（32）

　　第一节　引言 ……………………………………………（32）

　　第二节　大国效应模型的设定与求解 …………………（36）

　　第三节　大国效应的存在性 ……………………………（41）

　　第四节　大国效应存在的条件 …………………………（46）

　　第五节　制约大国效应发挥作用的非对称因素 ………（51）

　　第六节　结论 ……………………………………………（57）

第四章　大国的要素结构陷阱和结构转型 ……………………………（61）

　　第一节　引言 ………………………………………………………（61）

　　第二节　模型的设定和求解 ……………………………………（64）

　　第三节　数值模拟与结果分析 …………………………………（70）

　　第四节　结论 ………………………………………………………（80）

第五章　用大国效应模型解释"李约瑟之谜" ………………………（85）

　　第一节　引言 ………………………………………………………（85）

　　第二节　模型的设定与求解 ……………………………………（89）

　　第三节　数值解的结果分析 ……………………………………（93）

　　第四节　对"李约瑟之谜"的解释 ……………………………（104）

　　第五节　对当代中国经济奇迹的解释 …………………………（122）

　　第六节　结论 ………………………………………………………（128）

第六章　大国效应理论的经验分析 …………………………………（131）

　　第一节　引言 ………………………………………………………（131）

　　第二节　理论分析 ………………………………………………（135）

　　第三节　经验研究 ………………………………………………（145）

　　第四节　结论 ………………………………………………………（158）

第七章　结论和启示 …………………………………………………（161）

参考文献 ………………………………………………………………（172）

Contents

CHAPTER I   INTRODUCTION ·································· (1)

  Section I   Background and Significance of the Topic ·············· (1)

  Section II   Literature Review ······························· (3)

  Section III Research Contents ······················· (8)

  Section IV   Research Objectives, Methods and Ideas ············ (9)

  Section V   Innovation ····························· (10)

CHAPTER II   THE RESEARCH METHODS OF ECONOMIC

             THEORY ON LARGE COUNTRY ················ (12)

  Section I   Review and Reference of Early Research Methods in

           Related Fields ····························· (13)

  Section II   Modeling Method of Large Country Economic Theory ····· (25)

CHAPTER III   THE MECHANISM OF THE CHARACTERISTICS

             OF LARGE COUNTRIES AFFECTING THE

             INCOME GAP ACROSS COUNTRIES ·········· (32)

  Section I   Introduction ····························· (32)

  Section II   Setup and Solution of the Model of Large

           Country Effect ····························· (36)

  Section III The Existence of Large Country Effect ·············· (41)

  Section IV   Conditions for the Emergence of Large Country Effect ··· (46)

  Section V   Asymmetric Factors Restricting Large Country Effect ····· (51)

  Section VI   Conclusion ····························· (57)

CHAPTER IV   THE FACTOR STRUCTURE TRAP AND STRUCTURAL TRANSFORMATION OF LARGE COUNTRY ················· (61)

Section I   Introduction   ················ (61)

Section II   Model Setting and Solution   ··············· (64)

Section III   Numerical Simulation and Result Analysis ·············· (70)

Section IV   Conclusion ················· (80)

CHAPTER V   EXPLAINING "NEEDHAM'S GRAND QUESTION" BASED ON THE MODEL OF LARGE COUNTRY EFFECT ·············· (85)

Section I   Introduction   ················ (85)

Section II   Model Setting and Solution   ··············· (89)

Section III   The Result Analysis Based on Numerical Solution ········ (93)

Section IV   An Explanation on the "Needham's Grand Question"   ················ (104)

Section V   An Explanation on the Economic Miracle of Contemporary China ················ (122)

Section VI   Conclusion ················ (128)

CHAPTER VI   AN EMPIRICAL ANALYSIS ON THE THEORY OF LARGE COUNTRY EFFECT ·················· (131)

Section I   Introduction   ················ (131)

Section II   Theoretical Analysis   ··············· (135)

Section III   Empirical Research   ··············· (145)

Section IV   Conclusion ················ (158)

CHAPTER VII   CONCLUSION AND ENLIGHTENMENT ········ (161)

REFERENCES ················ (172)

第一章

绪　　论

第一节　研究背景和意义

人们通常都会对国家规模与经济发展之间的关系感到神秘。强大的古埃及帝国和罗马帝国是古地中海沿岸的大国，被称为东方巨龙的中华帝国和地处南亚次大陆的古印度帝国也是大国，这些古代帝国都是当时最富庶的国家。但是，这些强大的帝国最终都无一例外地败于弱小的蛮族之手。近现代以来，国家规模与国家之间贫富差距的关系变得更加复杂了。中国和印度仍然是当今世界上人口最多的大国，但这两个国家在近代约 200 年间一直都处在贫穷国家之列，而一些欧洲小国则走到了高收入国家的前台。不过，从 20 世纪八九十年代以来，以中国和印度为代表的金砖国家的经济突然起飞，大有赶上欧美国家之势。这一现象给我们的启示是，是否大国拥有一些内在的优势，使之可在长期获得比小国更好的发展？如果这样的话，大国的崛起似乎就是一件必然的事情。另一方面，为什么在某些历史时间段，大国会在国家之间的经济竞赛或技术角力中，败于弱小之国？是否存在一些阻碍和制约大国经济发展的因素？本书拟在空间一般均衡框架下对大国的兴衰、经济发展和国家之间的收入差距进行研究。

与已有的研究相比，本书的学术价值和应用价值主要体现在：其一，本书在非对称空间一般均衡框架下对大国特征影响国家之间收入差距的机理进行数学阐述。此前，林毅夫（2007）提出在传统社会中人口规模会给大国带来技术创新优势，欧阳峣（2011）从大国的初始特征出发推导出大国的综合优势。本书采用规范的一般均衡模型对大国特征影响国家之间收入差距的机理进行解构，这是以往文献未曾做过的工作。其二，考虑到单纯的人口规模扩张虽然可以给大国带来市场潜力、分工效应和全产业链等方面的优势，但若其他生产要素保持不变，而人口规模超出一定限度，大国会陷入人均土地量不足的陷阱，如果资本形成不足，大国也有可能陷入人均资本存量不足的矛盾。为了解决这个问题，我们构建两个经济结构内生转型的模型，其结果表明，要素结构矛盾可能会通过相对价格效应促进经济结构转型，从而确保经济实现持续增长。其三，本书采用动态面板模型对国家之间收入差距的影响因素进行分析。我们选择的被解释变量是各国人均实际收入差距，核心解释变量是各国人口规模和人均资源占有量，控制变量是贸易开放度、国内交易成本、经济结构、环境约束、技术差异等。目前，国内外很少有文献采用动态面板进行这一尝试。通过对这一问题的研究，我们可以弄清楚一国人口规模与经济发展之间的关系。除了大国效应之外，我们的模型显示，各国土地和资源的人均占有量、技术差异、国民受教育程度的差异、国内市场发育程度和制度的差异、是否对外开放和开放的程度都会对各国人均收入差距产生重要影响。虽然本书主要研究大国效应，但是，考虑到现实中有许多人口大国正好也是穷国，因此，本书更深层次的目的是试图发现各种限制大国经济发展的因素。只有发现了各种限制大国发展的因素，我们才能对症下药，解决和消除大国经济发展过程中出现的各种问题，克服"大国发展的难题"（张培刚，1992）。可见，对大国效应和限制大国发展的因素进行研究既是一个重要的理论问题，也具有非常强的应用价值和政策含义。

第二节 文 献 综 述

对于大国经济优势来源的研究，最早可以追索到亚当·斯密。斯密（1772）的观点是，分工是经济增长的源泉，分工要受市场广狭或市场容量的限制。斯密在《国富论》一书中谈及当时中国经济发展时说："中国幅员是如此广大，居民是如此之多，气候各种各样，因此各地方都有各种各样的产物，各省间的水运交通极其便利，单单是这个广阔的国内大市场，就足以支撑很大的制造业，容许可观的分工程度。"这一段话包含了丰富的内涵。它表明，土地面积（幅员如此广大）、人口规模（居民如此之多）、资源的丰裕性和多样性（气候各种各样，各地方有各种各样的产物）、交易成本（水运交通极其便利）等因素都有可能影响一国劳动分工和经济发展。斯密关于"分工受市场容量限制或支持"和"交通便利性有利于分工深化"的思想后来被阿林·杨格（Young，1928）和杨小凯等（Yang and Ng，1993）所发展。按照杨小凯（2003）的观点，经济人在专业化经济和交易费用之间的两难选择或权衡决定着一个经济体的劳动分工和经济发展程度。杨小凯用一系列有趣的数学模型使这些思想较为完美地形式化。西蒙·库兹涅茨（Kuznets，1966）从实证研究的角度表明，"对于这些大国而言，国内市场及资源条件允许其发展专业化和规模经济"。霍利斯·钱纳里和莫伊思·赛尔昆于1975年出版的《发展的型式》一书中提出："大国的发展型式反映了它们对国内市场的关注"。这些思想都直接指向"大国的国内市场有利于大国经济发展"。斯密更是从需求和供给两个层面论述了大国效应的存在性。对于国内市场的重要性，哈里斯（Harris，1954）建议使用"市场潜力指数"这一神奇的指标测量各个国家的市场规模或市场容量，并区分了本国市场在其全部需求中所占的权重。

为了解释大工业区和产业集群的形成与发展，马歇尔（1997）提出了"外部规模经济"概念，并将"外部规模经济"的来源归纳为劳动力池、中间品投入和知识溢出。显然，马歇尔的"外部规模经济"概念也是与大国效应紧密相关的。20世纪八九十年代，以克鲁格曼、藤田昌久为代表的新经济地理学家在一般均衡的框架下将规模报酬递增和产品差异化引入空间分析。在克鲁格曼的模型中，需求多样化、厂商层次上的规模经济、国际运输成本都被纳入进来，但是，克鲁格曼的结论是初始的偶然性决定了之后的发展路径。克鲁格曼没有考虑各个国家的初始优势。他的总体规模经济是在偶然性之后幸运国家的自我强化，然后形成一个偶然的幸运强国，这显然与大国经济格格不入。不过，我们也可以沿着克鲁格曼的思路反推，如果一个获得偶然性垂青的幸运国家可凭后天的规模经济得以自我强化，那是否意味着，一个本来就具备初始规模优势的大国，可以不必凭借偶然性的垂青，而是凭其原生规模优势就获得必然性的自我强化呢？这种猜测是否有意义？更重要的是，自我强化是否永无止境？克鲁格曼模型的结论是集聚会持续到极点，即制造业完全集中于一国。他显然没有考虑土地面积有限所引起的拥挤性。事实上，我们从未看到一国完全放弃农业，也没有看到任何一国专门从事制造业。克鲁格曼没有考虑土地的拥挤性，这导致其结论非常极端。人口规模和土地面积之间的矛盾关系正是大国经济理论需要研究的一个重要问题。但不管怎样，新经济地理的有关模型所提出的"规模经济""本地市场效应"和"产业关联效应"等概念还是为大国经济理论的研究提供了诸多重要基础，而新经济地理对非对称人口规模和土地面积的忽略则为大国经济理论暗示了应当努力的方向。大国通常都拥有较大的市场潜力和本地市场效应（钱学锋、梁琦，2007），由此可支持大量规模经济程度较高的行业在本国发展，并推动工业产品的多样化，在国家之间实现贸易分工的好处（李君华，2009；彭向、蒋传海，2011）。考虑到企业之间可能存在相互的投入产出联系，大国通常拥有相对完整和互补的产业体系（欧阳峣，2011），这些企业可以在本地购买到较多的中间产品，这将大幅度降低其生产成本，从而使大国获得某种成本方面的优势。

关于大国效应和国家之间贫富差距的关系，也有许多学者主张从知识溢出的角度进行解释。通常，在劳动者之间和生产企业之间总是存在各种形式的知识溢出效应，当生产者距离较近的时候，他们之间的溢出效应会显著增强（Hägerstrand，1953）。由于大国拥有较多的劳动人口和企业数目，这将有利于大国内部的知识溢出和知识创新，进而刺激该国的新产品创造和产品种类的增加，使大国在技术创新方面占据优势。Romer（1986）、Grossman and Helpman（1991）和 Helpman（1999）提供了较早的一批论述知识溢出与经济增长关系的文献，这些文献假设，如果知识具有全球溢出特征，则全球经济持续增长。如果 R&D 溢出是全球性的，则经济增长与企业区位无关（Martin and Ottaviano，1999），这种全球性的知识溢出显然不能解释国家之间的收入差距。但是，如果 R&D 溢出仅限于局部地区，则溢出行为必然促使产业向 R&D 成本较低的地方集聚，进而刺激核心区域的经济增长。Martin and Ottaviano（2001）的研究发现，创新活动会通过前向关联促进产业集聚，然后反过来又降低了交易成本和创新成本，从而促进经济增长，集聚与增长之间存在因果累积循环效应。Baldwin and Martin（2004）、Dupont（2007）、Cassar and Nicolini（2008）证明了局部性的知识溢出有利于产业集聚和经济增长的观点。局部性的知识溢出有利于产业集聚和技术创新，当一个国家或地区拥有较大的人口规模和企业数量时，这是否意味着这个国家的各经济主体就有可能从其他经济主体那里接收到更多的知识溢出？这显然是一个非常有趣的问题。克雷默（Kremer，1993）的实证研究结论回答了这一问题。

在克雷默（Kremer，1993）那篇著名的论文中，他选择了公元前一万年前的五个孤立的经济体作为研究对象。这五个经济体分别是：亚欧非大陆、美洲大陆、澳大利亚、塔斯马尼亚、弗林德斯岛。众所周知，在这五个经济体开始接触之前，亚欧大陆的"旧世界文明"发展得最为成功，在工业革命之前，欧洲、亚洲和北非都在非常早的时期就出现了发达的农业文明、手工业文明和商业文明。东亚文明和地中海文明分别屹立在亚欧大陆的东西方,其发展程度远超其他文明。在西班牙和葡萄牙人到达美洲新大陆之前,南北美洲的玛雅文明、印加文明和阿兹特克的农业文明也发展到了相当高的程度,但明显落后于亚欧文明。在与其他世界接触之前,澳大利亚仍处在原始聚居的狩猎时期,与旧农业文明尚有相当一段距离。塔斯马尼亚的技术进步则极其缓慢,仍处在极其原始的时代,经历了一万多年之后仍然只能制造最简单的石制工具,这只能算是旧石器时代的早期。弗林德斯岛上的人类几乎没有发明任何技术,他们在 5000 年之前就差不多已经灭绝了。克雷默的研究结果表明,人口规模对于经济发展具有非同寻常的重要性。人口增长是促进经济繁荣的关键驱动力,其原因是,人口越多意味着出现科学家和工程师的概率就越大。于是,当一个经济体的人口规模较大时,该经济体必然以更快的速度增长。克雷默的模型是基于五个封闭和孤立的经济体。事实上,如果我们放开这一假设,其结论仍然成立。李君华和欧阳峣(2016)在非对称空间一般均衡框架下构建了一个大国效应模型,其研究结果表明,即便是在贸易开放的条件下,人口规模与一国经济优势的正相关关系仍然存在。

尽管市场潜力、规模经济和知识溢出等因素对于大国经济发展具有一定的解释力,但是,这些理论并未直接针对大国效应的存在性和它对国家之间收入差距的影响进行数学建模和证明。在使用这些理论解释大国效应时,一个显著的不足之处是,与这些理论相关的数学化模型都没有考虑大国的自然特征。大国与小国之间是由一些自然特征来区分的,但是,大多数涉及市场潜力、规模经济和知识溢出的模型都是基于对称性和均质性假设,这就使得大国与小国之间的非对称性自然特征无法在模型中显示出来。发展经济学家张培刚(1992)认为,大国具有与小国完全不同的特征,发展经济学应以发展中大国为主要研究对象,重点探讨"大国发展的问题,包括大国的特征、大国发展的难题和大国的特殊道路"。Kuznets(1971)主张将人口规模作为大国的初始特征,Perkins and

Syrquin(1989)认为人口数量和国土面积是大国两个最重要的初始特征。欧阳峣等(2014)借鉴张培刚(1992)、张李节(2007)和郑捷(2007)等学者的研究，对国家规模进行了排序，并将大国特征定义为幅员辽阔、人口众多、国内市场巨大、资源储量丰富和具有价格影响力。对于"大国效应"存在性的证明，欧阳峣(2011)主张应遵循这样的逻辑：如果大国在所有其他方面都与小国相同，甚至在某些方面处于劣势，唯独拥有某些大国特征，那么大国仍然可凭借这些大国特征获得竞争优势。从大国特征中寻求大国优势，就可以使对大国特征的研究延伸到对大国优势的研究。

综上所述，虽然众多学者对于大国效应、分工经济和国家之间收入差距进行了许多有价值的探索，但仍有许多值得进一步完善的地方。首先，当前大多数涉及大国经济的文献很少从大国的自然特征出发，运用正规的数学模型对大国效应的存在性进行证明。之所以诸多文献没有实现这个理论上的突破，极有可能是因为当前的数理模型仍局限于对称性假设，而国家特征(包括土地面积、人口规模、资本存量等)大多是非对称性的。只有在非对称模型下，才能解释这些现象。其次，虽然市场潜力、规模效应、知识溢出等概念与大国经济发展确有一定的相关性，但这三个因素并不直接是大国的特征，小国也可以通过国际贸易获得较大的市场潜力或通过国际交往和资本输入获得较多的外部性和知识溢出。对于大国的自然特征如何通过以上三个中间环节影响劳动分工和国家之间收入差距的机理，目前的研究文献仍没有彻底解释清楚。最后，对于大国特征与国家之间收入差距关系的检验也是被当前文献忽视的一项内容。对于国家之间的收入差距，有的学者主张采用地理环境进行解释，更多的学者则主张采用人力资本、知识溢出、贸易开放度和政治制度等因素给予解释，但是，采用规范的计量经济学方法将人口规模和资源数量等国家特征作为核心解释变量，纳入对国家之间收入差距进行解释的文献目前并不多。本书将以规范的方法对上述问题进行探索。

第三节 研 究 内 容

本书以国家作为分析单位，主要研究大国特征对国家之间收入差距的影响。由于国家之间的收入差距是在比较中得到的，因此，我们纳入中小国家作为大国的参照对象，研究它们之间所具有的不同特征，并在此基础上观测这些特征各自对国家之间收入差距所产生的影响。对于大国特征，欧阳峣(2011)将其概括为五个方面：幅员辽阔、人口众多、资源储量丰富、国内市场巨大、具有价格控制力。本书认为，以上五个大国特征中前三个是自然特征，后两个为后天的推定特征。本书拟从大国的三个自然特征出发，采用数学建模的方法，研究这些特征对国家之间收入差距所产生的影响。考虑到数学模型处理的局限性，我们将大国的三个自然特征减缩为两个：人口规模和土地面积。由于资源储量总是指分布在土地上各种资源的数量，因此，我们认为，土地面积实际上已包含了幅员辽阔和资源储量两个大国特征。大国特征对本国市场潜力、消费者价格指数、生产者成本指数、国际和国内分工、知识溢出都会产生影响，进而通过相对价格效应传递于各国的经济发展，于是，就有了国家之间的收入差距。本书将对大国特征影响国家之间收入差距的传导机制进行研究，并运用世界银行的国别数据进行实证检验。

本书共分七章：第一章是绪论；第二章介绍大国经济发展理论的研究方法；第三章在非对称的空间一般均衡框架下构建一个包含人口规模、国土面积、国际和国内贸易成本、技术差异和经济结构差异的数学模型，对大国特征影响国家之间收入差距的传导机制进行研究；第四章在对 DS 模型和 CPVL 模型进行扩展和修正的基础上构建要素结构模型，对大国可能出现的要素结构陷阱及经济结构转型进行解释；第五章运用大国效应的扩展模型对"李约瑟之谜"进行解释；第六章采用动态面板数据对理论模型中所得出的结论进行检验；第七章是结论和政策分析。

第四节　研究目标、方法和思路

本书的研究目标是，运用现代经济学研究方法在空间一般均衡框架下对大国特征通过市场潜力、分工深化、规模效应和结构转型影响国家之间收入差距的机理进行研究，并运用各国经济数据进行检验，试图归纳出经济增长的空间差异和产业布局、结构演变的一般规律。围绕这一研究目标，我们应解决三个关键问题：其一，人口规模和国土面积等大国特征是否对大国人均实际收入具有正向影响？大国特征影响国家之间收入差距的传导机制是什么？其二，由于现实中有许多大国的人均实际收入比小国低，因此，我们必须弄清楚，是什么原因引起了"大国发展悖论"？阻碍大国发展的因素有哪些？其三，应如何解决大国经济发展的难题？经济结构转型是否有利于经济增长？在什么条件下可能发生经济结构转型？

在本书中，我们首先讨论大国经济发展理论的研究方法，紧接着我们运用非对称的空间一般均衡模型对大国特征影响国家之间收入差距的机理进行研究。由于大国人口规模的过度扩张可能会导致该国人均土地和资源量下降，从而引发"要素结构悖论"，使大国陷入"马尔萨斯陷阱"。为了解决这一问题，我们构建一个内生的经济结构变迁模型。该模型表明，结构变迁可以使大国在一定程度上摆脱人均资源不足引起的"马尔萨斯陷阱"。在完成理论分析之后，我们采用一个动态面板数据模型对理论模型中得出的结论进行检验，同时运用一个扩展的大国效应模型对"李约瑟之谜"进行解释。最后，我们在理论分析和实证研究的基础上，对促进大国经济发展和阻碍大国经济发展的各种因素进行分析，提出促进大国经济发展的政策建议。

本书采用规范分析与实证研究相结合的方法。在理论研究部分，我们采用非对称空间一般均衡的分析方法。根据李君华、周浪（2017）的观点，在研究大国效应和国家之间收入差距时，这一方法具有一定的比较优势。在空间一般均衡框架下，我们共构建了三个一般均衡模型对本书的关键论点进行分析。本书在建模方法上有如下三个特征：其一，以国家的自然特征为出发点。我们在模型中引入了非对称性，假设各个国家有不同的国家特征（非对称的土地面积和人口规模），这些国家特征会通过相对价格效应传递于终端内生变量，从而产生增长效应。其二，我们既考虑了只有一个行业的大国效应模型，也考虑了有多个行业的大国经济结构变迁模型。前者可证明大国效应的存在性，但也表明大国效应会因人口规模的过度扩张而减弱或消失；后者表明，经济结构转型可缓解或抵消人口规模过度扩张所引起的"马尔萨斯陷阱"。其三，本书采用的是一般均衡分析方法。虽然有许多模型的构建者声称也采用了一般均衡分析方法，但是，我们的模型与其他模型有显著差异。由于国外许多模型总是习惯性地直接假设某一种商品的价格等于1，从而人为地减少了一个未知数，使模型的求解成为可能。本书对这种方法提出了质疑。我们认为，更有效的一般均衡分析方法应当是，假定所有商品和要素的价格只能同时被决定，而不能单独被决定，这是经典的瓦尔拉斯一般均衡思想（Walras，1874）。因此，本书采用求"同时解"的方法对一般均衡模型进行求解，这种方法显然更加符合瓦尔拉斯、阿罗和德布鲁的原始思想，同时，也具有更加强大的分析功能。它不仅可以实现大国效应的内生化，同时也可以实现经济结构变迁的内生化。"同时解"使相对价格效应（即传导机制）得以发挥作用。

第五节　创　新　之　处

本书的特色和创新之处主要体现在：

其一，我们采用非对称的空间一般均衡模型对大国特征影响国家之间收入差距的机理进行研究。已有文献对于空间经济的分析大多采用对称性假设，我们的模型假设各国人口规模、土地面积、技术水平和国内交易成本都是不相同的，这些非对称假设可以使我们更加清晰地分析不同因素对国家之间收入差距的影响。此外，我们的模型还捕捉了内生性地租、制度和交易成本、经济结构对国家之间收入差距的影响。

其二，我们对空间一般均衡模型给予了动态化的处理。我们运用储蓄率和资本品生产部门的生产活动内生了新增资本的形成、本期资本存量和下一期资本存量，并探讨了由此引起的要素禀赋结构变化对经济结构变迁的影响。由于新增投资内生于储蓄率和技术创新，而本期资本存量又会进入下一期成为下一期的上一期资本存量，由此引起模型中所有内生变量在每一期都同时发生变化，于是，本书的空间一般均衡模型就具备了一定的动态特征。

其三，我们采用动态面板模型对人口规模和人口密度对国家之间收入差距的非线性影响进行了研究。已有文献对于国家之间收入差距的研究所选择的解释变量大多是贸易开放度、人力资本、技术差异、知识溢出等。本书的实证模型将人口规模、人均资源量、人口密度和它的平方、经济结构、交易费用、环境污染引起的拥塞效应等变量纳入模型。这些解释变量与我们在理论模型中的分析是一致的。

第二章

大国经济理论的研究方法

近年来，学术界对于大国经济发展理论的研究表现出日益高涨的热情。不过，在人们给予该理论较多关注的同时，却很少意识到，对这一理论的研究方法进行探讨同样是一个十分重要的问题。由于大国经济发展可能涉及与其他中小国家的比较，因而可能涉及多个国家或地区；同时，大国经济可能涉及一个或多个行业，涉及多种生产要素和多种影响因素，所有这些又都是联系在一起的，任何一个国家和行业的发展都不可能被孤立地决定，只有将它们联结成一个有机的整体，这些国家的经济布局和经济结构才能被科学地决定，这意味着常规的方法可能不适用于大国经济理论的研究。更重要的是，从各个国家的自然特征到这些国家的经济发展需要一个较长期的过程。大国的自然规模优势并不等价于大国的经济优势，这两者之间有一个传导机制。对于理论研究而言，重要的不是大国特征与经济结果之间的关系，而是它们之间的传导机制。如果传导机制顺畅，大国的自然优势就会转化为经济优势，若传导机制不顺畅，大国自然优势可能会变成经济劣势。要将这个过程呈现出来，必须使用一般均衡模型，原因是其他所有内生变量都会随着相对价格的变化而作出相应的调整。于是，经济过程的调整就可以通过相对价格效应呈现出来。目前，学术界仍没有形成关于大国经济发展理论的公认研究方法，本章拟通过梳理早期的研究方法，对关联领域的研究方法进行比较，观测有哪些具体的方法可用于大国经济理论的研究领域。本章的结构安排如下：第一节梳理相关领域的早期研究方法；第二节对 CPVL 模型进行评述，观测这个模型有哪些不足之处，哪些方法又可以为大国经济理论所用；第三节系统性地介绍本书的研究方法。

第一节　相关领域早期研究方法的述评与可借鉴之处

大国经济理论属于发展经济学范畴。与其他经济学分支不同，大国经济理论的研究对象是大国经济发展过程中涉及的所有问题。由于大国与小国是在比较中存在的，因此，小国也是我们的参照研究对象。由于发展理论是高度综合性的，所以，其研究方法必然涉及各个分支经济学。本节我们拟对不同分支经济学的研究方法进行梳理，观测哪些方法可为大国经济理论所用。

1. 国际贸易理论中的空间一般均衡

大国经济发展及国家之间的收入差距首先涉及的就是不同国家的比较，这些国家之间存在贸易，因此，大国经济发展必然是国际贸易条件下的经济发展。当我们考虑国际贸易时，有两个问题立即进入视野：其一是各国在贸易中有何种优势？其二是阻碍国际贸易的因素主要有哪些？

关于不同国家之间的优势，一直有内生分工优势和外生比较优势的争论。而关于阻碍国际贸易的因素，我们主要考虑的是关税壁垒和运输成本。分工优势和比较优势理论已由斯密和李嘉图给予了较为完整的论述。但是，对于国际运输成本，长期以来，大多数经济学家均持有这样的观点：运输成本内含于生产成本之中，空间成本可通过界定商品的物理属性或凭借区分商品的制造地点加以处理。由于有了这些被标准化的商品，对空间和运输成本进行额外的考虑就是多余的。因此，在各种国际贸易模型中，我们不需要考虑运输成本，因为它已内含于生产成本。这代表了阿罗、德布鲁和麦可尼兹的观点。对于现实中存在的产业布局和结构的非均匀性，这些学者主张用土地的自然属性和资源的分布不均来解释。显然，将国际运输成本看作内含于生产成本中的一部分是不合理的，这是因为，只有在两国之间贸易发生的时候，国际运输成本才会存在，而在本国销售的产品不需要交付国际运输成本。这意味着进出口商品的购买价高于国内销售的商品。显然，早期国际贸易理论似乎并没有意识到这一点。

尽管如此，在早期国际贸易理论中，仍然包含了处理国家之间经济布局和分工的有用方法。斯密是自由贸易的坚定支持者，其观点是，作为经济增长的唯一源泉，劳动分工是普遍存在的，人与人之间和国家之间的贸易总是会发生的，因为劳动分工可以使各个专业化生产者的劳动技能得到更好的发挥（亚当·斯密，1972），并产生内生比较优势。李嘉图在一定程度上继承了斯密的国际贸易理论，但李嘉图模型中国际贸易产生的依据是各个参与贸易的国家存在比较优势（Ricardo，1817）。该模型的核心思想是：一个国家即使在生产任何产品上都没有绝对优势，但只要在某一种或几种产品的生产上存在相对优势，该国也能从国际贸易中获得好处。与斯密的内生比较优势不同的是，李嘉图模型的比较优势来源于土地自然属性的外生差别。斯密模型和李嘉图模型对运输成本的处理方法是假设运输成本内含于生产成本之中（即假定贸易成本为零）。显然，这种处理方式是不恰当的。如果各个国家之间的运输成本非常高，人们为什么还要远涉重洋从其他国家购入本国所需的产品？毕竟由本国生产供自己所需的产品可以免去远距离的运输费用。显然，仅仅当各国比较成本优势足以抵消运输成本的时候，国家之间的贸易才可能发生。

对于李嘉图模型的错误，一些经济学家给予了批评（Ekelund & Hebert，1997）。不过，李嘉图的意思其实只是说，在一个运输成本为零的世界里，不管各国是否拥有绝对优势，只要它们存在相对优势，国家之间的资源配置就总是能够得到有效的安排。这实际上就是科斯第一定理在空间维度上的表述。科斯（Coase，1937）的观点是，当交易费用为零时，无论产权如何配置都是帕累托最优，企业也没有存在的必要，通过市场购买其他产品更合算。斯密和李嘉图的意思是，当运输成本为零时，各国没有必要自给自足，从其他国家购买本国相对弱势产品更合算。从这一点看，斯密和李嘉图对于空间经济学的贡献仍然是相当巨大的，其不足之处仅仅在于，在运输成本不为零时，会发生何种情况？如果斯密和李嘉图将运输成本定义为科斯意义上的空间交易成本，那么，国际版的科斯第二定理几乎呼之欲出。

奥林（Ohlin，1933）的要素禀赋模型在许多方面发展了比较成本理论，该模型引入多种生产要素，并适当考虑了运输成本、要素流动对地区分工和贸易格局的影响。不过，奥林仍然没有找到处理运输成本的正确方法，他仅仅简单地讨论了运输成本的作用，其重点放在商品与要素相对价格的形成，以及要素流动对相对价格的影响上。奥林无疑是希望建立一个一般均衡模型来讨论国家之间和地区之间的贸易格局。这是一条正确的思路，运输成本对产业布局的影响天生只能在空间一般均衡模型中才能得到正确的表述。随着特定要素禀赋理论（Samuelson，1971；Jones，1971）的提出，一种关于自然属性影响产业布局的理论被完美地建立起来，尽管运输成本在其中仍然没有得到足够的重视。人们总是倾向于认为，主流经济学对于空间理论没有任何实质的贡献。然而，当我们谈及产业布局的时候，又如何撇得开各国的资源禀赋和比较优势？当我们试图将运输成本和其他因素整合到模型中的时候，又怎么少得了主流经济学的空间一般均衡框架？其实，从任何方面，我们都可以说，主流经济学的国际贸易理论及其研究方法为即将发生的新经济地理学的革命提供了最坚实的基础。

国际贸易理论对于大国经济发展理论主要有四点启发：其一，国际贸易理论的分析框架是基于空间一般均衡模型。它包含两个以上的国家、多个行业和多种要素，各国各有比较优势或禀赋优势。其二，这个模型的传导机制是相对价格效应。尤其要素禀赋模型，各种要素的相对价格变化对分工的影响非常明显。其三，这个模型虽没有考虑运输成本，但将其纳入模型，在方法上没有障碍。其四，这些模型包含非对称性，这正是大国经济模型所需要的。这些方法都可以用于大国经济理论的研究。

2. 非主流的城市经济与区位理论

杜能（von Thünen，1826）是古典时代的新古典经济学家，他给经济学留下了一个非常有趣的模型：所有经济活动都发生在一块均质平原上，平原中心是一个市场，所有产品都要在这里交易；平原尽头是不可耕作的荒原，它将平原与外界完全隔开；运输成本（按冰山技术处理）在每一个方向都相同；市场完全竞争，土地和经济活动完全可分。竞争均衡的结果是：① 农民间的竞争将使地租呈梯状分布；② 农作物生产按圈层自发分布（等边际配置原理）；③ 在均衡状态下，地租梯度会导致每种农作物的种植量刚好满足需求（市场出清）。杜能模型对于经济学有如下几个方面的贡献：其一，他采用了新古典范式中的边际分析和连续空间一般均衡分析方法；其二，他将运输成本和地租同时引入了空间模型，并将农民的选址原则表述为运输成本与地租之间的权衡，这一原则至今仍然在城市经济学中占据着核心地位。杜能的边际生产力理论和空间一般均衡分析使他能够较好地将运输成本整合到其理论结构中。他本该是主流经济学的一位先锋派人物，但是，历史无情地将他边缘化了，他的非凡思想被经济学冷落了一个多世纪。

工业区位理论的观点是，费用最小的区位是最优区位（Weber，1909）。运输成本、劳动力工资和集聚经济是决定厂商定位的三个关键因素。劳动工资使厂商选址发生"第一次偏离"，这其实是说，低工资区域具有相对优势，在该地区生产可以抵消远距离交易必须支付的运输成本。集聚经济使厂商定位发生"第二次偏离"，其真实含义是，大量厂商聚集在同一地点会产生外部规模经济，克服远距离发生的运输费用。韦伯与马歇尔几乎同时提出了外部规模经济（集聚经济）的思想，并提出用"生产者对集聚经济与运输成本的权衡"作为厂商选址的原则，但他没有采用经济学家习惯的研究范式，这使得他成为另一个被边缘化的经济思想家。

韦伯以后，区位理论得到了进一步的发展。胡佛（Hoover, 1936）考虑了复杂的运输成本结构和规模经济对产业布局的影响。克里斯塔勒（Christaller, 1933）提出了"中心地区理论"。该理论假设存在一块均质平原，资源、人口在平原上均匀分布，运输成本保持不变，消费者偏好函数相同。这时，厂商定位主要受需求边界和市场范围影响。市场的均衡格局必然形成大小不等的"中心地"。该理论隐含了生产者对运输成本与需求外部性进行权衡这一厂商选址原则。生产者倾向于在靠近消费者的地点开展生产活动。考虑到消费者是分散的，而厂商具有一定的规模，故厂商不得不集中在城市，以供应较广范围的需求者。当各种产品的生产者都这样考虑的时候，城市就形成了。"中心地区理论"的一个重要缺陷仍然是，没有采用常规的经济学研究方法。

勒施（Lösch, 1940）主张将商品贸易流量和运输网络中的城市服务区位纳入区位理论，并提出将最优区位定义为总收入和总费用的差额最大的区位。他的观点是，现实的经济区包含三种类型：市场区、地带和区域。市场区是供应区域与需求区域的结合，它主要遵循距离原则。企业区位选择实际上就是寻找最好的生产中心、消费中心和供给中心。城市是企业在空间上集聚的结果。大城市形成之后，会进一步形成专业化产业区。经济区是各种分散力（运输成本和多样化生产）和集聚力（专业化生产和规模经济）相互作用形成的。勒施对于经济区位演化的描述是相当精致的，他试图采用系列方程来描述这一区位均衡系统。他的方程组对于运输成本、专业化生产、大规模生产均给予了较多的重视。不过，其处理方法并不符合空间一般均衡的建模要求，因此，他的结论仅仅是描述性的，而不是严谨推导的结果。

根据艾萨德（Isard，1956）的产业联合体理论，产业联合体可看作某一特定空间位置上的一组相互联系的经济活动。由于这些活动在技术、生产和分配等各个方面都存在联系，因而它必然是有效率的。产业联合体理论主要强调企业之间稳固的投入产出联系和可观测的空间交易成本（运输成本）对产业布局的影响。从经济学上考虑，产业联合体理论有多方面的缺陷：① 产业联合体理论所考虑的运输成本是可观测的空间交易成本，这属于狭义运输成本范畴，但实际上，可观测的交易成本仅仅是成本冰山之一角；② 产业联合体理论强调企业之间的投入产出联系，但没有考虑同一产业内部各企业之间的外部规模经济；③ 产业联合体理论强调联合体内部各企业之间运输成本的节约，对联合体的区外联系关注较少，这并不是一般均衡的分析方法。

总的来说，新古典时期的这些非主流经济学家对于经济活动布局理论研究方法的思考对大国经济理论亦具有一定的启发：这些经济学家对于运输成本、规模经济和消费者分布给予了较多的重视。杜能发现了地租率与市场远近之间的替代关系，韦伯确立了将外部规模经济与运输成本之间的权衡作为厂商选址的基本原则。勒施将市场均衡定义为各种分散力与集聚力之间相互作用的结果。虽然他们并未直接建立空间一般均衡模型用于其理论分析，但是，这些思想对于大国经济理论的空间一般均衡建模方法仍十分具有启发性。

3. 基于博弈论的区位分析

产业组织理论家对经济活动布局的研究主要表现为，运用博弈论方法对厂商选址的相机决策行为进行了研究。该研究方法的特点是：① 假设市场为不完全竞争市场，每一厂商都根据其竞争对手的策略采取行动；② 假设产品在物理性质上相同，其差别仅仅表现为空间位置的不同，并以运输成本来表示这种差别；③ 早期城市模型假设城市为线性城市，后期扩展模型将线性城市的两个端点连接起来，成为圆环城市或轨道城市。

霍特林模型(Hotelling，1929)假定，在一个长度为 1 的线性城市中，有两家销售同质产品的企业。消费者均匀分布于线性城市的各个位置，价格外生给定，需求对价格没有弹性，厂商唯一考虑的因素是交通成本最小化，交通成本为不变平均成本。企业通过选址行为追求利润最大化，其均衡结果是，两企业都倾向于向中心集聚(混同均衡)。值得注意的是，霍特林模型的纳什均衡解并不是社会最优均衡。两企业通过"最小差别化"(靠近)策略阻止竞争对手对本企业市场的侵占，双方陷入"囚徒困境"。

由于不变平均运输成本的真实性常常受到人们的怀疑，Capozza & van Order(1978)设想运输成本为距离的二次函数。企业最大化利润(两阶段博弈)的竞争均衡结果是，两企业选择尽可能远的空间位置锁定属于自己的需求(分离均衡)。塞洛普(Salop，1979)、派尔(Pal，1998)、Matsushima(2001)对霍特林模型的扩展是，将线性城市的两个端点连接起来形成圆环城市。这种处理方式消除了一维线性空间中端点对厂商选址行为的不可思议的影响。两阶段博弈的结果是，有一半企业分布于圆环对角线的一端，另一半企业位于另一端。

霍特林模型及其扩展对空间理论的启示是，空间竞争天生是寡占性质的。由于消费者分布的分散性、运输成本及企业的不可分性质(有一定规模)，即使是同质产品厂商，它所面临的市场仍然是一个不完全竞争市场，为了对竞争对手作出最优反应，它们之间必然存在选址竞争，以最大化本企业的利润。因此，将不完全竞争理论引入空间分析是一个合理的选择。

将不完全竞争市场引入大国经济理论也是一项非常有意义的工作。此前，新古典的增长理论和收入差距的分析都是采用完全竞争框架，然而，事实上，不完全竞争是经济世界中的一个更加贴近现实的假定。如果能将不完全竞争模型中厂商对价格的最优反应函数考虑进来，这无疑是非常有启发意义的。在本书的各个空间一般均衡模型中，事实上就包含了厂商需求对价格的反应函数，该反应函数对于理解在经济增长过程中，一个初始冲击对其最终结果的传导机制非常具有启发性。

4. 将交易成本引入空间一般均衡

对运输成本进行正确处理的一条重要思路来自于科斯的企业理论和交易成本理论。按照科斯(Coase, 1937)的观点，企业不过是市场的替代物，其产生的原因是利用企业组织生产比利用市场组织生产节省交易费用。然而，随着企业规模和内部交易差异的扩大，企业内部的交易费用和组织成本会上升。当最后一项经营活动的内部交易费用等于可节省的市场交易费用时，企业规模就被确定了。将科斯的理论应用于产业布局理论，我们可以这样来表述，一个地区可以由本地生产全部物品，也可以仅仅生产一种或几种物品，其他物品全部从本地区之外的市场购进。从其他地区购进物品需要支付空间交易费用（运输成本）。如果各地区之间运输距离足够远，运输成本足够高，该地区也可以选择在本地生产全部物品。将全部物品放在本地生产会使本地市场交易的差异性和技能知识的复杂性上升，降低生产者的劳动专业化程度，增加本地商品的生产成本和市场运作成本。均衡的结果是，当该地区在本地进行最后一项经营活动的边际成本等于从外地购进支付的运输成本时，该地区的生产范围或边界就被确定了。

将交易费用引入区位分析起源于斯科特(Scott, 1986)。不过，斯科特仅仅在研究产业区内部的交易活动时，才使用交易成本概念。系统性地将交易成本引入空间一般均衡应归功于新兴古典经济学。(Yang, 1991; Yang & Borland, 1993; Yang & Ng, 1993)该学派对运输成本的处理方式采用了冰山成本技术(Samuelson, 1954)，其倒数形式为冰山型交易效率。尽管模型中交易成本系数被外生给定，但由于交易次数和运输数量内生，故每一行为人支付的总运输成本仍是内生的，全社会的总运输成本也是内生的。生产—消费者可以选择完全自给自足，也可以选择专业化生产模式。当生产—消费者选择自给自足时，他不需要支付运输成本；当选择专业化模式时，他必须卖出自己生产的产品获取收入，并以此换取其他物品，这一过程必须支付运输成本，因此，生产—消费者必须将运输成本与交易所获得的效用增量进行权衡和对比。

运用运输成本与资源禀赋差异之间的两难冲突，可将李嘉图的比较优势模型和奥林的要素丰裕模型完美地数学化。引入运输成本后，国际贸易的均衡结果是，当运输成本较高时，各国选择自给自足，国家之间没有贸易；当运输成本较低时，各国生产本国具有比较优势的产品，并从其他国家进口其他产品。Yang & Ng（1993）、Sun & Yang（1998）运用运输成本与专业化经济之间的两难冲突，进一步内生了劳动分工、产品种类数、工业化、城市化和地方性社区，以及区域之间的产业分工。

新制度经济学和新兴古典经济学对交易成本的处理方法对大国经济理论的建模具有重要意义。如前文所述，如果我们将交易成本的思想嫁接到国际贸易的空间一般均衡模型中，这些模型的分析功能将得到极大的增强。在相当大的程度上，一个国家的生产边界和生产范围是由本国优势与国际贸易成本共同决定的。随着国际贸易成本的下降和贸易开放度的提高，国际贸易流量会显著扩大，交易的产品种类也会增加，但本国的生产边界和生产范围会缩小，伴随而来的是，本国人均收入大幅提高。另一方面，如果本国内部的市场交易成本降低，则本国的生产边界和生产范围会扩大，经济活动向本国集聚，并伴随着人均收入的大幅提高。这类似于科斯的企业理论。企业内部的交易成本下降，则企业边界扩张。看来，企业理论与国际贸易理论在许多方面原本是相通的。

5. 新经济地理对空间一般均衡框架的贡献

新经济地理学主要脱胎于新贸易理论和城市经济学。从研究对象上看，新贸易理论主要是将 D-S 模型（Dixit & Stiglitz，1977）运用于空间分析，在规模报酬递增的条件下研究产业布局与转移的空间一般均衡；城市经济学则是将杜能孤立国模型中的连续空间一般均衡框架运用于城市分析。尽管在研究对象上有所不同，但其研究方法基本一致。其方法论的主要特点是：① 它们都采用空间一般均衡的分析方法；② 它们都承认规模经济的作用，主张采用不完全竞争框架来处理规模经济；③ 它们都潜在地从交易成本的含义理解运输成本，但具体的处理方式比较多样化，其核心模型采用了冰山成本技术；④ 对于空间均衡的确定，它们都承认，市场均衡是各种集聚力与离心力相互作用的结果，运输成本在其中具有微妙的影响。

新经济地理最核心的模型是中心—外围模型。在中心—外围模型（Krugman，1991）中，导致集聚的向心力是消费者对制造业产品差异化的偏好和规模经济，离心力来自于农民对土地的依赖性。该模型对运输成本的处理方式是：假设农产品以零成本在各地区之间运输，制造业运输成本遵循冰山成本假说（Samuelson，1954）。这时的市场均衡决定于各种向心力和离心力的共同作用。中心—外围模型的两次最重要的扩展是：① 针对国家之间劳动力不能自由流动的事实，通过引入多样化中间产品，内生出了与中心—外围模型大致相似的结果，证明了垂直关联也是产业集聚的另一个重要原因（Krugman & Venables，1995；Venables，1996）。② 针对中心—外围模型中效用函数与现实不相符的指责，运用拟线性需求函数和线性运输成本内生了区域之间的贸易均衡（Ottaviano，Tabuchi & Thisse，2002）。

考虑到将不完全竞争引入空间一般均衡模型会大大增加模型求解的难度，故中心—外围模型的建模人员采用多种方法来化解模型处理的难题。方法之一是，将成本递减函数与CD-CES效用函数结合在一起，并同时引入空间分析，试图解决价格接受模型与递减成本不相容的问题（Dixit & Stiglitz，1977；Krugman，1991）。方法之二是，引入连续统假定，解决规模报酬递增可能引起的整数问题（Combes et al.，2008；钱学锋、张艳君，2011）。方法之三是，按照科斯对交易成本的定义理解运输成本，并引入冰山成本技术，解决区位理论中运输成本的复杂性问题。方法之四是，采用特别动态方法，从而可以在静态模型中考虑经济人在不同地区之间的边际产业转移。方法之五是，采用数值模拟方法，从而可以在方程无法直接求解的情况下以特定的数字示例进行辅助分析（Fujita, Krugman & Venables，1999）。

空间一般均衡模型的最近两个发展是：其一，中心—外围及相关模型均假设两个国家面临的所有条件完全对称，但市场的均衡结果则是严格的非对称。Allen and Arkolakis（2013）在完全竞争模型下将地形的非均匀性引入了模型。该模型是一个线性区间模型，其原型来自于杜能的线性城市假说。其改进在于非均匀的线性区间，但这与经典的非对称性有一定差异。李君华和欧阳峣（2016）的大国效应模型采用了多项非对称条件，该模型假设各个国家在规模上（包括人口规模和土地面积）存在差异、市场条件（交易成本和运输成本）存在差异、技术水平存在差异、经济结构对不同生产要素的依赖程度也存在差异，这就使得模型的代数求解变得非常困难，但该模型的研究结论由此变得极其丰富。其二，离心力的设置是中心—外围模型的一大软肋。中心—外围模型设定的离心力是农业的黏性假设。农业劳动力不能在区域或国家之间自由迁移，而工业劳动力可以自由迁徙。不能迁徙的农业劳动力仍有一部分需求，这就使该地区不至于流失掉全部劳动力。这就是离心力。大国效应模型对离心力的处理方式是，假定任何人类活动都必须占用空间和使用一定数量的土地，当该地区人口和企业增加时，边际报酬递减规律发挥作用，这必然引起地租率上涨，于是导致企业的生产成本和工人的生活成本增加，进而产生离心力和拥挤效应。这种对离心力的处理方式显然与现实更加贴近。

6. 结论

综上所述，我们认为，空间一般均衡和对国际国内运输或交易成本的正确处理是处理空间经济问题最核心的方法，该方法可运用于大国经济理论的研究。没有空间一般均衡，影响经济活动布局和结构变迁的各种因素就不可能综合在一个统一的框架中；没有处理运输成本（空间交易成本）的正确方法，一般均衡模型就不可能被完美地空间化。但运输成本对经济布局和结构变迁并不能孤立地发挥作用，它必须与其他因素结合在一起，空间一般均衡正好为这种结合提供了一个有用的框架。当我们拥有了空间一般均衡这一有力的武器，有关经济布局和结构变迁的问题其实不难处理。将空间一般均衡应用于国际贸易理论，就产生了资源禀赋理论和新贸易理论；将空间一般均衡应用于分工理论，就产生了新兴古典经济学的区域分工和城市化理论；在空间一般均衡模型中引入规模经济和不完全竞争理论，将各种集聚力和离心力镶嵌在模型中，就产生了新经济地理学；将大国特征纳入非对称的空间一般均衡，就产生了大国经济发展模型；将要素结构和要素投入密度的相互作用纳入空间一般均衡，就产生了内生的经济结构变迁理论。

在相当程度上，新经济地理正是在综合了之前经济学各分支学科关于空间理论和运输成本处理方法的基础上形成的。新经济地理从主流经济学的国际贸易理论中产生有其必然性，因为只有主流经济学才拥有这个构架不同理论的基本框架（空间一般均衡）。在此框架之下，新经济地理得出了一个重要结论：即使不存在资源禀赋的自然差别，产业集聚、地域分工和大城市区仍然会因各种非自然因素（规模经济和知识溢出等）的影响而出现。尽管这些结论并不新颖，但由于它建立在空间一般均衡分析的框架之下，因而显得格外有说服力。

大国经济模型在相当程度上接纳了空间一般均衡的分析方法。我们将国际贸易理论中的内生和外生优势、制度经济学中的国际和国内交易成本、空间层次上的垄断竞争市场、农业区位理论中的土地利用和内生地租率、工业区位理论中的规模经济与运输成本之权衡同时引入空间一般均衡框架。同时，由于这个模型可以处理非对称性，因而我们可以将大国的各个自然特征都纳入空间一般均衡。另一方面，由于在这个模型中，所有商品和要素的价格是同时被决定的，因而我们可以分析大国特征影响经济增长和收入差距的传导机制。相对价格效应是空间一般均衡的核心，它大大扩充了这一类模型的分析功能。

第二节　大国经济理论的建模方法

本章第一节梳理了早期经济学各分支学科对区域经济理论和产业变迁理论的研究方法和思路，剖析了哪些建模思想可为大国经济理论的研究提供借鉴。本节以前一节为基础，论述大国效应基本模型的建模方法。

1. 效用函数及其生产函数的设定

在本书中，我们采用空间一般均衡的方法构建模型。首先，我们考虑消费者效用函数的设定。假设代表性消费者的效用函数为：

$$\max U_r = U(\lambda, n, Z_{rii}, Z_{risj}, \kappa, m, A_{riA}, A_{risA}, H_{ri}),$$

$$\text{subject to} \quad (1-\alpha)\left(w_{ri} + \frac{K_{r,t}}{L_r}p_{rK} + \frac{R_r}{L_r}p_{rR}\right)$$

$$= \lambda n p_{ri} Z_{rii} + (1-\lambda) n p_{sj} Z_{risj} + \kappa m p_{rA} A_{riA}$$

$$+ (1-\kappa) m p_{sA} A_{risA} + p_{rR} H_{ri},$$

$$\lambda, \kappa \in [0,1], \quad \alpha \in (0,1).$$

此效用函数的特征是：其一，消费者除了对工农业两个行业的产品有需求之外，还考虑了居民对土地的需求（用于居住）。其二，消费者考虑了本国制造的产品，也考虑了从外国购买的产品。从国外进口产品时，其运输成本系数是 T，而国内交易成本系数为 τ。其三，居民从劳动、资本和土地等生产要素的租赁中获得工资、资本租赁收入和地租。他们将其收入主要用于工农业产品和土地的购买，余下的部分作为储蓄，用于投资，投资收入将增加其未来购买能力。

其次，考虑一个或多个产业。制造业和农业分别可以成为一个产业。假设本国两个行业中企业目标函数和生产函数（外国有类似的对称函数，下同）是：

$$\max \pi_{rA} = p_{rA}q_{rA} - (w_r l_{rA} + p_{rR}H_{rA}),$$

$$\text{subject to} \quad q_{rA} = f(l_{rA}, H_{rA}),$$

$$C_{rA} = (G + c_A q_{rA})P_{rA}, \quad G, c_A > 0.$$

$$\max \pi_{ri} = p_{ri}q_{ri} - (p_{rK}B_{riK} + w_{ri}l_{ri} + p_{rR}H_{riZ}),$$

$$\text{subject to} \quad q_{ri} = g(B_{riK}, l_{ri}, H_{riZ}),$$

$$C_{ri} = (F + cq_{ri})P_r, \quad F, c > 0.$$

农业需要投入土地和劳动，制造业除需要投入土地和劳动之外，还需要投入资本。假设农业为土地密集型产业，制造业为资本密集型产业。当然，我们也可以假设农业也需少量资本，这不会影响模型的结果。要素按各自生产函数的形式以组合要素的方式投入。固定成本和边际成本均为要素的组合投入量，P_{rA} 和 P_r 分别为两个行业中组合要素的成本指数。利润最大化确保全部生产要素被充分利用，在最大化条件下，零利润条件成立。

2. 模型的动态化设定

模型中的动态化通过资本存量的动态化实现。假设资本存量的动态方程是：

$$(1 - \sigma)K_{r, t-1} + I_{r, t} = K_{r, t}.$$

在一定程度上，人口和土地属于自然变量，受经济过程的影响较小。虽然人口中也包含人力资本的投资和劳动能力的变化，但为了简化起见，我们可将人力资本简单地看作体现在人身上的资本存量和投资。资本存量的特殊性在于，它是通过将过去的劳动、土地和资本价值逐步转移到物质资本上而形成的。因此，它具有动态特征。将过去资本存量经折旧后，加上当期投资，就是本期资本存量。而新增资本存量的形成要经过两个并行的过程。一方面，居民压缩其现有消费，形成储蓄，储蓄经金融渠道进入制造企业，企业由此获得对资本品的购买能力，但必须将资本的收益权让渡给居民，这是资本市场上的一次交换。通过这一交换过程，居民储蓄转化为投资需求。另一方面，物质资本生产企业通过雇用各种生产要素生产出物质资本，这是资本品的供给。供需两方面结合在一起，形成了当期新增投资。新增投资加上剔除折旧之后的原有资本存量就是当期资本存量。当期资本存量经折旧后又进入下一期，成为下一期的上一期资本存量。如此循环下去，就有了资本存量的动态化。当资本存量发生变化时，其他所有内生变量都会随之发生变化。于是，整个模型就被动态化了。

3. 物质资本生产函数的设定

如前所述，物质资本的生产是新增资本形成的一个重要环节。储蓄转化为投资只是意味着制造企业获得了对物质资本的购买力，这属于需求层面的因素。要形成真实的资本存量和生产能力，必须有企业将物质资本生产出来，这属于供给层面的因素。物质资本的生产需要使用生产要素。我们假设物质资本生产企业的生产函数和成本函数为：

$$\max \pi_{rM} = Q_{rM} p_{rM} - \left[\xi \nu p_{rM} M_{riM} + (1 - \xi) \nu p_{sM} M_{risM} + w_r l_{rM} + p_{rR} H_{rM} \right],$$

$$\text{subject to} \quad Q_{rM} = Q(\xi, \nu, M_{riM}, M_{risM}, l_{rM}, H_{rM}), \quad \xi \in (0, 1),$$

$$C_{rM} = (E + c Q_{rM}) P_{rM}, \quad E, c > 0.$$

Q_{rM}为在生产函数给定的情况下资本生产企业的产量，其价格为p_{rM}。该资本品被制造企业购买后，就形成了制造企业的长期生产能力。将所有资本生产企业的产量Q_{rM}加总在一起，剔除中间产品的投入后，就等于$I_{r,t}$，即本期实际投资。将$I_{r,t}$与p_{rM}相乘，就是本期名义投资。在金融资本市场出清的条件下，名义投资等于居民储蓄。这一等式并不必然成立。如果条件偶然性地不成立，意味着经济处在非均衡过程中，这通常不利于经济增长。但这并不会显著影响模型的结果。

4. 大国效应模型的设定与 CPVL 模型的区别

以上模型的假设是本书模型的基本设定。该设定与 CPVL 模型的区别主要体现在：其一，本书以上模型中各类企业的目标函数是企业总收入减总成本，最大化目标函数可确保零利润条件成立，并求出厂商需求对本企业价格和其他企业价格的反应函数，即厂商需求函数。该目标函数的特点是总收入（产量乘价格）与总成本（要素投入乘要素价格）之差。而 CPVL 模型对生产函数的设定是产量直接等于组合要素的投入量（未考虑价格）。我们认为，该假设在逻辑上存在问题。其二，对于农业企业的目标函数和生产函数，我们有类似的假设。但我们假设农业是土地密集型产业，制造业是资本密集型产业。而 CPVL 模型认为，农业不需要投入土地，且其投入量和产出价格永远等于 1，后者显然在逻辑上存在问题。其三，除了将土地引入模型之外，我们还考虑资本的形成和资本存量的积累。制造业是资本密集型产业，其资本的形成是由居民储蓄和物质资本的生产共同确定的。因此，我们既考虑了居民储蓄，也考虑了物质资本的生产。而 CPVL 模型的设定和求解方法导致它无法将资本存量的动态化考虑进来。其四，本书各个模型都可以假设为具有非对称性，各个国家之间的人口规模、土地面积、资本存量和储蓄率都可以假设为非对称（即两国人口不相等、土地面积不相等、资本存量不相等或储蓄率不相等），其他所有参数也都可以假设为具有非对称性。非对称性不影响模型的求解，但可能使求解过程稍微复杂。而 CPVL 模型严格地依赖于对称性，非对称性假设会使该模型的求解变得不可能。

5. 大国经济模型的均衡条件

在一般均衡模型中，最重要的均衡条件就是最大化一阶条件，包括消费者福利的最大化和企业利润的最大化。由最大化条件可直接推导出单个消费者对某种商品的需求函数和单个企业对某种要素的需求函数。

将所有单个经济主体对某一种商品的需求加总，即为该产品的市场需求函数。将厂商对要素的需求函数代入生产函数，可得到一个均衡方程。通常每一个国家的每一个行业都有一个这样的均衡方程。如果我们考虑两个国家三个行业，那么，我们就有六个这样的均衡方程。值得注意的是，我们将最大化一阶条件作为首要的均衡条件，但并不依赖这一条件。如果经济主体仅仅追求满意的正利润或满意的正福利（Alchian，1950），那么，由这一条件同样可以推导出一个均衡方程。不同的是，微积分理论使最大化条件更加容易处理。

一般均衡模型中的另一组均衡条件是市场出清条件，它包括产品市场的出清和要素市场的出清。市场出清通常是最大化一阶条件的必然结果。在最大化条件之下，要素市场上的所有生产要素都会被充分利用，产品市场上的所有商品都会被消费者全部购买。市场出清意味着商品的供给与需求相等。而供给与需求的相等将促使产生一个合理的均衡价格，以确保市场出清。由于在一般均衡市场上，所有商品和要素是同时出清的，因此，所有商品和要素的价格也必然同时被决定。通常，市场上有多少种产品和要素，就会有多少个市场出清方程。不过，有时，通过对生产函数进行特殊设定，可以简化最终的方程个数。比如，在大国效应模型中的 CD-CES 函数设定下，我们可以求出 $p_{ri} = cP_r/\rho$。式中，p_{ri} 和 P_r 分别为制造业产品和组合要素投入的价格指数，c 和 ρ 是参数。我们只需要解出 P_r 的值，就可以直接求出 p_{ri}。所以，在最终的精炼方程组中，就可以同时减少一个方程和一个未知数。当然，这种简化并非必需，同时多一个方程和一个未知数，在理论上，方程组仍然是可解的。在本书的各个具体模型中，其市场出清条件的总个数等于产品种类的个数加上要素种类的个数。如果两国要素不可流动，则要素市场是分割的，每一个国家都有一个要素市场的出清条件。在特定生产函数的设置下，最终的出清方程和未知数可能被精炼和减少，从而少于理论上的总个数。

资本存量有两类市场：一个是资本形成和积累的市场，另一个是资本被使用的市场。这两个市场是不同的市场。后者是资本使用市场上的出清，前者是资本形成市场上的出清。将每一期的新增投资累加到上一期的资本存量(折旧后)上，我们就有一个资本积累的动态方程。由于有两个国家，因此有两个资本动态方程。显然，最终的资本动态均衡方程是由投资等于储蓄的方程式、资本动态的假设和资本品的供给函数结合在一起共同求出来的。这是实现模型动态化的关键。

在本书各个模型中，每一个行业的产品种类数也是内生的。由于我们只考虑两个国家，每一个行业在两个国家生产的产品种类数的比率分别是 λ 和 $1 - \lambda$，两者相加是 1。在最大化的条件下，两国的产品种类数都是 n，但表达式不同。将两个表达式联立在一起，可得到一个均衡方程。如果在模型中共有三个行业，就有三个关于产品种类数的一致性均衡方程。

最后是贸易平衡条件。该均衡条件来自于穆勒的相互需求理论，该理论后来被马歇尔(1997)所发展。按照该理论(Ekelund and Hebert, 1997)，一国生产物总是按照该国的全部输出品正好足以抵偿该国的全部进口品所需的价值，与其他国家的生产物相交换。在这种交换中，国家或个人各自所需出售的物品，也构成了他们的购买手段，一方所带来的供给，构成了他对另一方所带来的物品的需求。价格将自行调整，以使一方的需求等于另一方的需求。贸易将按这样的价格发生，即要求价格使得贸易的各方同时使进口的总价值等于出口的总价值。这是一般均衡理论的国际化。在贸易平衡条件下，我们可获得另一个均衡方程。

6. 方程系统的求解方法

根据上文的处理，我们得到若干个均衡方程，组成方程系统。这个方程系统中也包含若干个未知数。由于在一般均衡市场上，所有商品和要素市场都是同时被出清的，因此，它们的价格也同时被决定。有多少类商品，就会有多少种商品的价格需要被决定。同时，各个行业在不同国家的分布是内生的，然后，各种生产要素在不同行业之间的配置也是内生的。

在本书各个大国经济模型中，最终精炼方程系统的方程个数总是会比未知数的个数少一个。我们必须消除其中一个未知数，才能解出方程组。根据瓦尔拉斯的一般均衡思想和相对价格理论，我们选择一种商品作为衡量其他商品价格的一般等价物（Walras，1874；Ekelund and Hebert，1997），就可以减少 1 个未知数。于是，方程的个数与未知数的个数相等。解方程组即可求得方程系数中全部未知数的解。将上述未知数的解代入其他非精炼方程，即可求得其他所有未知数的解。我们对于大国经济模型的求解方法与 CPVL 模型有显著区别。CPVL 模型假设农业工资率为 1，由此，其他商品或要素的价格都可以用标准化的农业工资率来衡量。表面看来，问题似乎被解决了。但在事实上，将农业工资率标准化为 1 违背了一般均衡原则，因为它使价格体系失去灵活性，从而也就失去了作为资源配置机制的调节功能。实际上，在一般均衡市场上，各种商品和要素的价格都是相互依赖的，只有当整个价格体系使所有要素和商品供求都相等的时候，才达到一般均衡。而在这个市场上，不可能有一种商品的价格是单独被决定的。将农业工资率标准化为 1，实际上是割裂了其他商品市场对农业价格的影响，即便是完全竞争市场也是如此。事实上，原始的瓦尔拉斯一般均衡市场也是一个完全竞争的市场体系，但瓦尔拉斯并没有假设任何一种商品的价格等于 1。在 CPVL 模型中，如果有农业劳动向制造业活动转移，农业产量就会发生变化，其价格也必然随之变化。因此，令农业工资率等于 1 完全是不合适的。

第三章

大国特征影响国家贫富差距的机理

　　本章我们根据上一章所提供的建模方法对大国特征影响国家之间收入差距的机理进行研究。本章模型是对第二章第三节所提供模型的简化。在本章大国效应模型中，我们仅仅考虑一个行业和三种生产要素。生产要素方面，我们主要考虑劳动和土地，中间产品仅作为当期投入。由于没有考虑储蓄率，故我们未能将资本的形成和积累考虑进来。本章的结构安排如下：第一节是引言；第二节对大国效应模型进行设定并求解；第三节通过对大国效应模型进行数值模拟，从而对大国效应的存在性进行证明；第四节对大国效应得以存在的两大条件进行研究；第五节对限制大国效应发挥作用的几种因素进行研究；第六节是研究结论。

第一节　引　　言

　　大国因为其"大"而成为一种优势。这句话表面上看起来有点使人难以置信，但它实际上包含了一系列非常有趣和深刻的经济学原理。经济学家的直觉和灵感已经意识到了"大国效应"的存在性，他们从多个方面对大国经济的发生机理进行研究。一些学者从实证研究中观察到了明显的大经济体现象（Kremer，1993）。20世纪八九十年代以来，中国、印度、俄罗斯、巴西 4 个新兴大国经济几乎同时崛起，这绝不可能是偶然的事情。虽然以大国经济现象作为研究对象建立一门大国经济学的设想目前尚显为时过早，但是，对大国经济发展之谜进行系统的研究仍然是很有必要的。发展经济学家张培刚（1992）指出，发展经济学应以发展中大国为主要研究对象，重点探讨"大国发展的问题，包括大国的特征、大国发展的难题和大国的特殊道路"。不过，如果要对大国经济现象进行系统研究，我们不得不考虑的一个问题是：我们是重新建立一套经济学范式来思考大国发展现象，还是在已有的经济学研究范式之下将大国经济理论纳入古老的新古典一般均衡框架？目前，大多数学者的做法是以经验研究的方式，对大国效应进行诸多解释。经验研究固然重要，但若缺乏理论的支撑，则仍难以使人信服。故我们认为，就大国经济理论而言，更重要的是夯实其理论基础。现代经济学最主流的研究框架是一般均衡，故大国经济理论应当运用现代经济学的研究方法从纯理论的角度对"大国效应"进行严谨的数学证明，使大国经济理论融入一般均衡框架，然后从经验层面对其进行检验。只有在理论与经验两个层面同时证明"大国效应"的存在性，大国经济理论的基础才可以称得上是坚实的。

对于大国经济优势来源的研究，最早可以追溯到亚当·斯密。对于斯密（1972）来说，分工是经济增长的唯一源泉（资本积累仅仅为分工提供保障），而分工则要受市场广狭或市场容量的限制。斯密关于"分工受市场容量限制"的思想后来被阿林·杨格（Young，1928）所发展，杨小凯等（Yang and Ng，1993）对这一思想给予了数学化的处理。哈里斯（Harris，1954）开发了以市场潜力指数来测量本国或区域市场规模的方法，并对市场潜力如何影响企业区位选择进行了研究。尽管斯密的分工理论、哈里斯的市场潜力指数和杨小凯的分工模型并没有直接表明大国效应与分工经济的关系，但是，他们证明了本地市场规模与分工经济的依存关系。考虑到大国通常有较大的市场潜力，因此，我们可以认为，杨小凯的分工模型实际上已经潜在包含了大国效应、分工经济和国际贸易的关系问题。马歇尔（1997）对于大国研究的贡献是提出了"外部规模经济"的概念，并试图以此解释大工业区的形成与发展。"规模经济"概念的提出直接导致了不完全竞争经济学的产生。通过引入产品的差异化和多样化，张伯伦（Chamberlin，1962）在垄断竞争框架下将规模报酬递增纳入主流经济学，并提出一种全新的价值理论。迪克西特和斯蒂格利茨（Dixit and Stiglitz，1977）在一般均衡框架下对张伯伦模型进行了数学化。虽然此前经济学家并未直接提出有关大国经济的任何理论，但是，与大国理论有关的一些基本概念已经被系统地提出来了，并且得到了较为充分的论证。

20世纪八九十年代，经济学理论发生了一次重要的变革。以克鲁格曼、藤田昌久为代表的新经济地理学家在基于垄断竞争的一般均衡框架下将规模报酬递增、运输成本和消费者对产品的差异化需求引入空间分析（Krugman，1991）。一些学者认为，新经济地理对于大国经济具有一定的解释力。大国通常都拥有较大的市场潜力和本地市场效应（钱学锋、梁琦，2007；范剑勇、谢强强，2010），由此可以支持大量规模经济程度较高的行业在本国实施专业化，在本国推动工业产品的多样化，并在国家之间实现贸易分工的好处（彭向、蒋传海，2011）。考虑到企业之间可能存在相互的投入产出关系，大国通常拥有相对完整和互补的产业体系（欧阳峣，2011），这些企业可以在本地购买到较多的中间产品，这将大幅度降低其生产成本，从而使大国获得某种成本优势。在劳动者之间和生产企业之间总是存在各种各样的知识溢出和学习效应，这些效应典型地具有距离衰减特征（Hägerstrand，1953；李君华，2010；李君华，2017），而大国在劳动人口和企业数目上都拥有一定的优势，这将有利于大国内部的知识溢出和知识创新，进而有利于该国的新产品创造和产品种类数的增加，使大国在技术创新方面占据优势。

尽管新经济地理的有关理论确实可在一定程度上解释某些大国经济现象，但是，这些理论并未直接针对"大国效应"的存在性进行建模和证明。理论上，对"大国效应"存在性的证明，应遵循这样的逻辑：如果大国在所有其他方面均与小国相同，甚至在某些方面处于劣势，唯独大国拥有某些大国特征，这时，大国仍然可以凭借这些特征获得竞争优势。对于大国特征，欧阳峣（2011）将其概括为五个方面：幅员辽阔、人口众多、资源储量丰富、国内市场巨大、具有价格控制力。[①] 这五个大国特征中前三个为自然特征，后两个为推定特征。从大国的特征中寻求大国的优势，就能使大国特征研究延伸为大国优势研究（欧阳峣，2011）。如果我们可在一般均衡框架下直接从三个纯自然的大国特征推断出大国居民人均收入和福利水平相对高于小国，则可以证明"大国效应"确实存在。不过，目前极少有学者进行这一尝试。

本书拟运用现代经济学研究方法，从大国的纯自然特征出发，在瓦尔拉斯一般均衡框架下对"大国效应"的存在性及存在的条件进行证明。考虑到数学模型处理的局限性，我们将大国的三个自然特征减缩为两个：人口规模和土地面积。由于资源储量总是指分布在土地上各种资源的数量，因此，土地面积大实际上包含了幅员辽阔和资源储量丰富两个大国特征。由于其他大国特征多为大国的推定特征，因此，这些特征也可以被认为潜在包含在两个自然特征之中。

值得注意的是，虽然本章证明了大国效应的存在性，但并不断言本章结论与现实情形必然吻合。影响各国人均收入差异的因素有许多种，大国效应仅仅是其中之一种。除了大国效应之外，各国土地和资源的人均占有量、技术差异、国民受教育程度的差异、国内市场发育程度和制度的差异、是否对外开放和开放程度都会显著影响各国人均收入差异。

---

① 关于大国特征的详细论述，可参见欧阳峣等所著的《大国经济发展理论》第3章，本书不再赘述。人口规模、土地面积和资源量是大国的初始自然特征，这些都属于外生的大国特征。资本存量既包含外生的成分，又包含内生的成分。上一期资本存量和初始资本存量是外生的，但本期新增资本存量是内生的。两者加起来，在剔除折旧之后，才是本期全部资本存量。在《储蓄率、技术进步和内生的经济结构转型》一文中，探讨了初始资本存量和新增投资对国家之间收入差距的影响。除此之外，大国也有一些内生的特征。一个技术进步水平较高或经济发展程度较好的国家，常常会拥有较大的市场潜力和产业规模，这些优势和特征都是内生的，但它又有可能成为经济进一步发展的依据。这些内生的特征作为中间变量或过渡变量都潜在地包含在本书的讨论之中。

本书研究的是大国效应，但更深层次的目的是试图发现各种限制大国效应发挥作用的因素。只有发现了各种限制大国发展的因素，我们才能对症下药，解决和消除大国经济发展过程中出现的各种问题。

第二节　大国效应模型的设定与求解

国际贸易理论和产业布局理论典型地涉及多个国家（或地区）、多种商品、多种要素和多种力量（集聚力与离心力）之间的相互作用，仅仅在一般均衡框架下，这些不同的因素才能在模型中被完美地整合在一起。因此，不论是国际贸易模型，还是产业布局模型，或者是本书所涉及的大国效应模型，都必须采用一般均衡的处理方法进行研究。克鲁格曼是第一个将一般均衡分析引入空间模型的经济学家（Fujita and Thisse，2008），不过，由于专注于对"第二天性"的研究，包括克鲁格曼在内的新经济地理学家都没有将这一方法直接运用于大国经济理论的研究。本书将在非对称的空间一般均衡框架下进行这一尝试。我们首先对模型的产业环境进行设定：消费者消费两种类型的物品（具有差异化特征的系列制造品和一定数量的土地面积）；生产制造品必须投入三种生产要素（劳动、土地和系列中间产品）。我们在 CES 函数和 CD 函数嵌套的效用函数和生产函数中处理这些现象。然后，当我们对模型进行求解时，主要参照了新兴古典经济学的超边际一般均衡分析方法：模型中的消费者同时也是劳动者（Yang and Ng，1993），其消费支出受劳动所得约束；企业是产品的供应方，但同时也是要素的需求方，企业的购买行为受企业收入的约束。这一处理方法使我们可以在一般均衡框架下求解大国效应模型。

1. 假设

假定在一片均质的空间中有两个土地面积和人口规模均不相等的国

家(大国记为 r，小国记为 s)，大国土地面积和人口数量分别为 R_r 和 L_r，小国土地面积和人口数量分别为 R_s 和 L_s，所有人口都不可以在各个国家之间自由地流动，各国土地在该国人口中平均分配。经济系统中存在大量的潜在产品。劳动者可以自由地选择不同产品的生产。虽然劳动力被黏结于本国，但他们生产的产品可以在不同国家之间自由地贸易和移动。假定商品在本国内部和在国家之间移动都必须支付运输成本①。对于运输成本，我们采用冰山成本技术进行处理(von Thünen，1826；Samuelson，1954)，并按照"数量折损法"进行计算。假定所有消费者都拥有完全相同的效用函数，代表性消费者(以大国为例)的效用函数和预算约束可写为：

$$\max U_{ri} = \left(\left[\int_0^{\lambda n} \left(\frac{Z_{rii}}{t} \right)^{\rho} di + \int_0^{(1-\lambda)n} \left(\frac{Z_{risj}}{T} \right)^{\rho} dj \right]^{1/\rho} \right)^{\gamma} B_{riR}^{1-\gamma},$$

$$\lambda \in [0,1], \quad \gamma, \rho \in (0,1),$$

$$\text{subject to} \quad w_{ri} + \frac{R_r}{L_r} p_{rR} = \lambda n p_{ri} Z_{rii} + (1-\lambda) n p_{sj} Z_{risj} + p_{rR} B_{riR}. \quad (3.1)$$

式(3.1)中，Z_{rii} 表示大国劳动者对本国生产的产品 i 的消费数量，Z_{risj} 表示大国劳动者对在小国生产的产品的购买数量，B_{riR} 为大国劳动者对土地的消费量。我们应特别留意上述各变量中的下标：下标中的第一个和第二个字母表明行为人的身份，第三个和第四个字母表明活动内容，

---

① 对于运输成本的含义，应作广义理解，它实际上是指贸易成本或交易成本。在国际贸易活动中，它包括由信息不完全、贸易障碍、各种关税和报关手续、各国语言和文化差异、物流基础结构不兼容和支付系统不兼容引起的各种费用。各国物流基础结构常常显著地不兼容，即使是相邻的陆地国家，其铁路轨道系统仍不可能一致，当火车跨越国界时，车上的货物被迫卸下来，经检查后再装上另一辆火车，这必将增加运输成本和运输时间。各国语言差异会戏剧性增加贸易成本。由于产品的标签、说明书和内部程序被要求使用两国语言，于是，当一种产品被一种语言定制后，它就限定在一个特定国家，每一种语言都需要配置相应的存货，这意味着物流成本增加，这些成本都是因贸易而产生。货物出口和报关产生的单证和文件有几十种之多，这些单证和文件必须使用多国语言，公司必须安排专门的部门和人员办理这些手续并即时翻译，这将大幅度增加贸易成本和延长运输时间。考虑到国界的政治意义，国界本身还会产生许多意想不到的费用，这些成本都应当计算到贸易成本或运输成本之中。由此可见，假定国际运输成本高于国内运输成本具有相当的合理性。

积分号主要针对活动内容。如果下标只有三个字母，表明该产品来自本国，显示来源地的标识被省略了。同理，w_{ri} 和 U_{ri} 分别代表大国劳动者获得的工资收入（名义收入）和效用水平（实际收入）。p_{ri} 和 p_{sj} 分别表示不同国家产品的生产价格，p_{rR} 为大国的土地租金价格。T 和 t 分别为商品在国家之间和在大国国内的贸易成本系数。λ 表示在大国生产的产品种类数的比重，$1-\lambda$ 为在小国生产的产品种类数的比重，n 为系统的内生变量，表示经济系统中产品种类的总数。γ 为消费者在产品制造中的消费支出比重，反映了消费者对制造品的偏爱程度。$1-\gamma$ 为消费者对土地消费的支出比重，反映了消费者对土地的偏好程度，也间接反映了发生人口拥挤效应的强度。ρ 为消费者对产品多样性和差异化的偏好程度，ρ 值越小，意味着消费者对差异化产品的消费愿望越强烈。

生产部门中有三种投入要素，其一为劳动力，其二为系列中间品，其三为土地。对于任何产品的生产，除了投入劳动力和土地之外，还必须投入多样化的中间品。对于中间品的处理方法是，我们参照 Fujita, Krugman and Venables（1999）的做法，简单地假设制造业将各种产品（包括自身）作为其中间投入品，消费者所需的各种产品同时又是企业所需的投入品，各种产品之间实际上存在相互投入的关系。假定 i 产品生产企业的生产函数、成本函数和预算约束条件分别为：

$$\max q_{ri} = \left(\left[\int_0^{\lambda n} \left(\frac{X_{rii}}{t} \right)^\phi di + \int_0^{(1-\lambda)n} \left(\frac{X_{risj}}{T} \right)^\phi dj \right]^{1/\phi} \right)^\delta l_{ri}^{1-\delta-\theta} H_{riR}^\theta,$$

$$\text{subject to} \quad p_{ri} q_{ri} = \lambda n p_{ri} X_{rii} + (1-\lambda) n p_{sj} X_{risj} + w_{ri} l_{ri} + p_{rR} H_{riR},$$

$$\lambda \in [0,1], \quad \delta, \theta, \phi \in (0,1),$$

$$C_{ri} = (F + c q_{ri}) P_r, \quad F > 0, \ c > 0. \tag{3.2}$$

式（3.2）中，q_{ri} 为大国生产的产品 i 的产量，X_{rii} 和 X_{risj} 分别是生产企业对本国生产的中间产品 i 的需求量和对小国生产的中间产品 j 的需求量，l_{ri} 为生产产品时的劳动力投入量，H_{riR} 为生产企业对土地的需求数量。参数 δ 为产品制造成本中中间产品的支出比重，该参数反映了各种产品生产之间的产业关联程度。参数 θ 为生产企业在土地消费中的支出比重。参数 ϕ 表示生产企业在技术上对中间产品多样性的偏好程度。ϕ 值越小，生产企业对中间产品的多样化需求越强烈。这意味着生产企业工艺复杂程度越高，对总产出的影响越大。

企业层次上的产品生产具有规模报酬递增的属性。式（3.2）中，$P_s/P_r = \chi_3$ 表示 r 国企业的要素投入数量，其中，χ_1 为固定投入，χ_2 为边际投入，χ_3 为生产量。通常，F 值越大，意味着单位产品分摊的固定成本越多，但是，若企业产量增加，单位产品的平均成本会降低，故 $F + cq_{ri}$ 反映了厂商层次上的规模报酬递增。P_r 为 r 国的投入要素价格指数，它是模型的内生变量，所反映的是土地、系列中间产品和劳动力的指数加权平均价格。由于制造产品既是消费品，又是中间投入品，因此，i 产品生产企业面临的总需求就是全体居民的消费需求与所有生产企业对该产品的投入需求之和。

2. 开放经济条件下均衡点的求解

若两个国家之间互相开放，在规模报酬递增的前提下，即便存在运输成本，两国仍然会进行贸易。不过，对于人口规模不相等的国家，各国可从贸易中获得多少好处？大国相对于小国是否可以在竞争中处于有利地位？为了弄清这些问题，我们假定小国内部的商品运输成本系数为 t_0，土地和中间产品对产量的贡献系数分别是 η 和 χ，小国企业的成本函数为 $C_{sj} = (f + cq_{sj})P_s$。

在这个模型中，贸易产生的原因有两个：其一，规模报酬递增；其二，劳动力不能在国家之间自由流动。由于贸易的存在，世界变成了一个统一的整体。参照新兴古典经济学的求解方法（杨小凯，2003），可求得制造产品的种类数、各国生产产品的价格和地租率分别为：

$$ n = \frac{(1-\rho)L_r w_{ri}}{(1-\delta-\theta)\lambda F P_r}, \quad p_{ri} = \frac{cP_r}{\rho}, $$

$$n = \frac{(1-\rho)L_s w_{sj}}{(1-\chi-\eta)(1-\lambda)fP_s}, \quad p_{sj} = \frac{cP_s}{\rho},$$

$$p_{rR} = \left(\frac{\theta}{1-\delta-\theta}+1-\gamma\right)\frac{L_r w_{ri}}{\gamma R_r}, \quad p_{sR} = \left(\frac{\eta}{1-\chi-\eta}+1-\gamma\right)\frac{L_s w_{sj}}{\gamma R_s}.$$

将企业的最终投入量、均衡价格和产品种类数代入各国企业的生产函数，再利用价格指数的定义、统一市场的贸易平衡条件，可求得如下方程组：

$$
\begin{cases}
\left(\dfrac{w_{ri}}{P_r}\right)^{1-\frac{\delta}{\phi}}\left(\dfrac{\theta}{1-\delta-\theta}+1-\gamma\right)^{\theta} = \left(\dfrac{1-\rho}{\lambda F}\right)^{\frac{\delta}{\phi}-\delta}\left[(1-\lambda)\left(\dfrac{P_r t}{P_s T}\right)^{\frac{\phi}{1-\phi}}+\lambda\right]^{\delta/\phi-\delta} \\
\qquad \cdot \dfrac{(1-\delta-\theta)^{1-\frac{\delta}{\phi}-\theta}}{(\rho/c)^{1-\delta}(t/\delta)^{\delta}}\dfrac{(\theta\gamma R_r)^{\theta}}{L_r^{\theta-\frac{\delta}{\phi}+\delta}}, \\[2mm]
\left(\dfrac{w_{sj}}{P_s}\right)^{1-\frac{\chi}{\phi}}\left(\dfrac{\eta}{1-\chi-\eta}+1-\gamma\right)^{\eta} = \left(\dfrac{1-\rho}{(1-\lambda)f}\right)^{\frac{\chi}{\phi}-\chi}\left(\lambda\left(\dfrac{P_s t_0}{P_r T}\right)^{\frac{\phi}{1-\phi}}+1-\lambda\right)^{\chi/\phi-\chi} \\
\qquad \cdot \dfrac{(1-\chi-\eta)^{1-\eta-\frac{\chi}{\phi}}(\eta\gamma R_s)^{\eta}}{(\rho/c)^{1-\chi}(t_0/\chi)^{\chi}L_S^{\eta-\frac{\chi}{\phi}+\chi}}, \\[2mm]
\dfrac{L_r w_{ri}}{(1-\delta-\theta)\lambda FP_r} = \dfrac{L_s w_{sj}}{(1-\chi-\eta)(1-\lambda)fP_s}, \\[2mm]
\dfrac{(1-\delta)(1-\chi-\eta)L_r w_{ri}}{\dfrac{\lambda}{1-\lambda}\left(\dfrac{P_s T}{P_r t}\right)^{\rho/(1-\rho)}+1} + \dfrac{\delta(1-\chi-\eta)L_r w_{ri}}{\dfrac{\lambda}{1-\lambda}\left(\dfrac{P_s T}{P_r t}\right)^{\phi/(1-\phi)}+1} \\[2mm]
\qquad = \dfrac{(1-\chi)(1-\delta-\theta)L_s w_{sj}}{\dfrac{1-\lambda}{\lambda}\left(\dfrac{P_r T}{P_s t_0}\right)^{\rho/(1-\rho)}+1} + \dfrac{\chi(1-\delta-\theta)L_s w_{sj}}{\dfrac{1-\lambda}{\lambda}\left(\dfrac{P_r T}{P_s t_0}\right)^{\phi/(1-\phi)}+1}.
\end{cases}
$$

$$(3.3)$$

方程组(3.3)共有 4 个方程和 5 个未知数(P_r、P_s、w_{ri}、w_{sj}、λ)。由于价格和工资的真实含义是指相对价格和相对工资，我们选取 p_{sR}/p_{rR} 作为一般等价指标，令 $P_s/P_r = P$，$w_{ri}/P_r = w_1$，$w_{sj}/P_s = w_2$，将其代入以上

方程组，可减少 1 个未知数。于是，我们共有 4 个方程和 4 个未知数，解上述方程组可求得 4 个未知数的解。各国代表性消费者的人均实际收入（以效用测量）为：

$$
\begin{cases}
U_{ri} = \left(\dfrac{1-\rho}{\lambda F}\right)^{\frac{\gamma}{\rho}-\gamma} \dfrac{1-\delta}{L_r} \left(\dfrac{\rho}{ct}\right)^{\gamma} \left(\dfrac{L_r w_1}{1-\delta-\theta}\right)^{\frac{\gamma}{\rho}} \left[(1-\lambda)\left(\dfrac{t}{PT}\right)^{\frac{\rho}{1-\rho}} + \lambda\right]^{\gamma/\rho-\gamma} \\
\qquad \cdot \left(\dfrac{(1-\gamma)R_r}{\theta+(1-\delta-\theta)(1-\gamma)}\right)^{1-\gamma}, \\[4mm]
U_{sj} = \left(\dfrac{\rho}{ct_0}\right)^{\gamma} \dfrac{1-\chi}{L_s} \left[\left(\lambda\left(\dfrac{Pt_0}{T}\right)^{\frac{\rho}{1-\rho}} + 1 - \lambda\right)\dfrac{(1-\rho)}{(1-\lambda)f}\right]^{\gamma/\rho-\gamma} \\
\qquad \cdot \left(\dfrac{L_s w_2}{(1-\chi-\eta)P}\right)^{\frac{\gamma}{\rho}} \left(\dfrac{(1-\gamma)R_s}{\eta+(1-\chi-\eta)(1-\gamma)}\right)^{1-\gamma}.
\end{cases}
$$

将方程组求得的 P、w_1、w_2 和 λ 值代入以上间接效用函数，可分别求得大国和小国的人均实际收入水平 U_{ri} 和 U_{sj}。

第三节　大国效应的存在性

本节从大国的纯自然特征出发，对大国效应的存在性进行证明。我们假定大国与小国面临的所有其他条件都相同，唯有人口规模和土地面积（资源储量）有差异。由于求方程组（3.3）的代数解有较大的难度，我们采用数值模拟方法求数值解。

1. 人口规模对国家之间收入差距的影响

假定 $L_s = 4500$，$F = f = 10$，$c = 0.8$，$\gamma = 0.91$，$\rho = 0.73$，$\phi = 0.71$，$\delta = \chi = 0.15$，$\theta = \eta = 0.07$，$R_r = R_s = 1800$，$t = t_0 = 1.15$，$T = 1.53$，以上各参数均保持不变，只有大国的人口规模可变，数值模拟结果如表 3.1 所示：

表 3.1 人口规模对一般均衡的影响

参数		封闭经济		开放经济				
L_r	R_r/L_r	$U_{ri}^{T \to +\infty}$	$U_{sj}^{T \to +\infty}$	U_{ri}	U_{sj}	λ	w_{sj}/w_{ri}	p_{sR}/p_{rR}
4500	0.4000	2.8191	2.8191	3.3312	3.3312	0.5000	1.0000	1.0000
9000	0.2000	3.3127	2.8191	3.6847	3.6309	0.6587	0.9849	0.4924
13500	0.1333	3.6405	2.8191	3.9457	3.8735	0.7391	0.7391	0.9788
18000	0.1000	3.8927	2.8191	4.1563	4.0843	0.7881	0.9766	0.2441
27000	0.0667	4.2780	2.8191	4.4907	4.4472	0.8449	0.9769	0.1628
35360	0.0509	4.5552	2.8191	4.7386	4.7386	0.8753	0.9797	0.1247
36000	0.0500	4.5743	2.8191	4.7559	4.7596	0.8771	0.9799	0.1225
45000	0.0400	4.8181	2.8191	4.9782	5.0381	0.8979	0.9840	0.0984
54000	0.0333	5.0270	2.8191	5.1711	5.2918	0.9125	0.9884	0.0824

　　为了使表 3.1 的结果更加容易理解，我们在图 3.1 中以 L_r 作为横轴，以 $U_{ri} - U_{sj}$ 作为纵轴，将表 3.1 中的 $U_{ri} - U_{sj}$ 与 L_r 相对应的点绘制在坐标系中，得到了一条倒 "U" 形状的曲线，该曲线反映了大国人口规模变动对两国人均实际收入之差的影响。

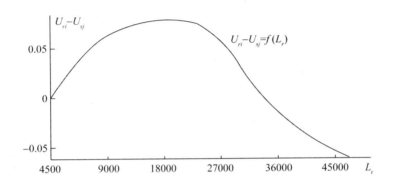

图1　开放经济模式下大国人口规模对两国人均实际收入之差的影响

　　由表 3.1 和图 3.1 可知，大国人口规模对大国人均实际收入优势的影响呈倒 "U" 形。在大国与小国其他条件都完全相同并保持恒定的前提下，如果大国的人口规模正好与小国相等，则两个国家的人均实际收入相等。当大国人口处于（4500，35360）这一区间时，大国的人均实际收入超过小国。但是，如果大国人口规模超过临界值 35360，则大国将丧失其优势，其人均实际收入降到小国之下。这一结果表明，大国效应是存在的，但仅仅当其人口规模正好处于某一适度偏大的区间时，大国效应才会出现。当大国人口规模达到临界值时其优势突然消失的原因是，大国人口规模扩大导致其人均土地占有量减少。由于所有的居民生活和企业生产都需要占用土地，大国人口的增多和产品种类数（企业数目）的扩大必然导致该国对土地的需求增加和地租率大幅度上涨（见表 3.1 中最后 1 列），进而导致大国企业生产成本和居民生活成本上升，大国最终将因其人口密度过大和人均土地占有量减少而陷入劣势（Malthus，1986）。

2. 国土面积对国家之间收入差距的影响

假定 $L_r = 9000$，$L_s = 4500$，$R_s = 1800$，其他参数的取值均与表 3.1 相同，除 R_r 之外，所有参数的取值均保持不变。我们将大国的土地面积设为可变量，以此区分国家的规模。其数值模拟结果如表 3.2 所示。

大国除了表现为人口较多之外，亦体现为面积较大。较大的土地面积意味着该国人均土地占有量较大。表 3.2 的结果表明，在其他参数保持对称且不变，但大国拥有人口规模优势的前提下，当大国的土地面积 $R_r < 1659.5$ 时，大国的人均实际收入将较低。当大国的土地面积超出 1659.5 时，其人均土地占有量将较大，土地租金率会较低，这时，大国的人均实际收入将高于小国。可见，在其他条件不变的前提下，大国人均实际收入优势与它的土地面积优势存在单调的正向关系。大国的两大初始自然特征是人口规模和土地资源量，我们证明了通过这两大初始自然特征可以衍生出大国的优势。在某一适度偏大的人口规模的区间内，大国效应将会出现。当其土地面积和资源量超出某一临界值时，大国效应也会出现。如果大国的土地面积非常大，它就可以容纳更多的劳动人口，于是，生产的产品种类会更多，大国的土地资源优势将强化其人口优势。因此，人口规模和土地面积同时都很大的国家，更可以称得上真正的大国。这些国家的"大国效应"将更少地遭受"拥挤效应"的负面影响。

表 3.2　大国土地面积对一般均衡的影响

参数	封闭经济		开放经济					
R_r	$U_{ri}^{T\to+\infty}$	$U_{sj}^{T\to+\infty}$	U_{ri}	U_{sj}	λ	P_s/P_r	w_{sj}/w_{ri}	P_{sR}/P_{rR}
1300.0	3.1033	2.8191	3.4591	3.6156	0.6525	0.9525	1.0146	0.3664
1400.0	3.1498	2.8191	3.5092	3.6190	0.6539	0.9521	1.0077	0.3919
1500.0	3.1937	2.8191	3.5566	3.6223	0.6552	0.9516	1.0014	0.4173
1600.0	3.2353	2.8191	3.6014	3.6253	0.6565	0.9512	0.9955	0.4425
1659.5	3.2591	2.8191	3.6270	3.6270	0.6572	0.9510	0.9922	0.4574
1700.0	3.2749	2.8191	3.6440	3.6282	0.6576	0.9509	0.9900	0.4675
1800.0	3.3127	2.8191	3.6847	3.6309	0.6587	0.9505	0.9849	0.4924
1900.0	3.3488	2.8191	3.7236	3.6335	0.6598	0.9502	0.9800	0.5172
2000.0	3.3834	2.8191	3.7609	3.6359	0.6607	0.9499	0.9754	0.5419

第四节 大国效应存在的条件

从前文可知，当大国人口规模处于某一偏大的合理区间或者大国拥有较大的土地面积和资源储量时，大国的人均实际收入会显著高于小国。然而，大国效应亦并非必然发生。从表3.1中，我们可以看出，即使在 $L_r \in (4500，35360)$ 这一区间，大国效应确实出现了，但它仍依赖于其他参数值的假定。若其他参数的取值发生变化，大国效应或不能维持。本节假定，除人口规模之外，大国与小国所面临的所有其他条件仍完全相同。在此条件下，我们研究大国在人口规模上的优势会通过何种渠道传递和反映到两个国家之间的人均实际收入差距上。

1. 国际运输成本对一般均衡的影响

假定 $L_r = 9000, L_s = 4500, F = f = 10, c = 0.8, \gamma = 0.91, \rho = 0.73, \phi = 0.71, \delta = \chi = 0.15, \theta = \eta = 0.07, R_r = R_s = 1800, t = t_0 = 1.15$，以上各参数均保持不变，唯有国家之间贸易成本或运输成本系数保持变化。现将数值模拟结果报告如下：

表3.3反映了国家之间的运输成本系数对贸易均衡和各国人均实际收入的影响：其一，在 $T > 1.4682$ 的情况下，大国的人均实际收入高于小国，当 T 值趋近于无穷大（阻隔性的运输成本）的时候，两国回到自给自足的生产模式，它们之间的收入差距达到最大化。如果 T 值下降到1.4682之下，大国效应会消失，小国的人均实际收入会超过大国。运输成本下降导致大国丧失优势的原因是，国际运输成本的下降使得运输成本在总成本中所占的份额变得不再重要。其二，运输成本的下降会显著增加两个国家之间的贸易额度，国际贸易又会使所有国家都同时从贸易中获利，但小国从中获得的利益将更多。数据显示，国际贸易同时提高了两个国家的人均实际收入，但是，随着运输成本的下降，小国与大国

表 3.3 国际运输成本对一般均衡的影响

参数	封闭经济					开放经济			
T	$U_{ri}^{T\to+\infty}$	$U_{sj}^{T\to+\infty}$	U_{ri}	U_{sj}	λ	$\dfrac{w_{sj}}{w_{ri}}$	$\dfrac{p_{sR}}{p_{rR}}$	DM_r	DM_s
1.2300	3.3127	2.8191	3.9001	4.2163	0.6552	1.0375	0.5187	0.7007	0.4116
1.2900	3.3127	2.8191	3.8465	4.0620	0.6561	1.0239	0.5120	0.7319	0.4595
1.3500	3.3127	2.8191	3.7988	3.9296	0.6569	1.0121	0.5061	0.7600	0.5057
1.4100	3.3127	2.8191	3.7564	3.8156	0.6576	1.0018	0.5009	0.7852	0.5493
1.4682	3.3127	2.8191	3.7196	3.7196	0.6582	0.9931	0.4965	0.8070	0.5890
1.5300	3.3127	2.8191	3.6847	3.6309	0.6587	0.9849	0.4924	0.8276	0.6281
1.6200	3.3127	2.8191	3.6404	3.5216	0.6595	0.9746	0.4873	0.8535	0.6791
1.7500	3.3127	2.8191	3.5877	3.3964	0.6603	0.9627	0.4814	0.8835	0.7410
1.8700	3.3127	2.8191	3.5484	3.3063	0.6609	0.9540	0.4770	0.9051	0.7872
1.9800	3.3127	2.8191	3.5186	3.2398	0.6614	0.9476	0.4738	0.9209	0.8216
$+\infty$			3.3127	2.8191				1.0000	1.0000

注：DM_r 表示 r 国国内市场对该国市场潜力的贡献比重。

的收入差距会逐渐缩小，小国甚至超出大国。这表明大国效应会通过国际贸易向小国扩散。发生这种现象的原因之一是，大国拥有较大的国内市场，其本国市场对经济发展的贡献明显高于小国，其外贸依存度较低，因而，大国更能从本国市场获得好处，但是，如果运输成本下降，两个国家的对外贸易额就会显著增加，这使它们可以部分摆脱对本国市场的依赖，但小国的外贸额度在总产出中所占的比例会增长得更快（参见表3.3中最左边的两列数据）。于是，从贸易中获得了更多利益的小国的人均实际收入就超过了大国。因此，我们认为，国家之间贸易成本或运输成本较高是大国效应出现的一个重要条件，如果贸易成本下降，大国效应就会减弱或消失。

2. 其他对称参数对一般均衡的影响

假设 $T = 1.4682$，其他参数与表3.3相同，但我们每次假定有一组涉及大国和小国的对称参数同时同比例发生变化，其他参数仍保持不变。表3.4中，每一奇数序列是设定的外生参数值，偶数序列是内生的数值模拟结果。

表3.4显示，除了国际贸易成本之外，还有许多其他因素影响着大国效应是否出现和发挥的程度。首先，各国国内市场的完善程度（国内市场交易成本的高低）对于大国效应的强弱具有重要影响。大国在人口规模拥有优势的前提下，即便两国面临的所有其他条件都完全相同，但是，如果两国国内市场的交易成本同时都很高，则大国效应不会出现，因为国内运输成本的上升使大国从国际运输成本中获利的空间被压缩，同时，大国在人均土地占有量上处于劣势，而小国拥有人均土地占有量较多的优势。两者相互抵消后，大国效应减弱或消失。其次，消费者和生产者对产品的多样化或差异化偏好对于大国效应是否出现具有一定影响。当其产品多样化偏好程度较低（ρ 和 ϕ 值较大）的时候，大国效应不会出现，这主要是因为较大的 ρ 和 ϕ 值常常意味着较少的产品种类数和较低的分

表 3.4 对称参数同时发生变化对收入差距的影响

t, t_0	国内运输成本对均衡的影响 $\frac{U_s}{U_r}$	消费者偏好多样化对均衡的影响 ρ	消费者偏好多样化对均衡的影响 $\frac{U_s}{U_r}$	生产者的多样化偏好对均衡的影响 ϕ	生产者的多样化偏好对均衡的影响 $\frac{U_s}{U_r}$	工业化程度对均衡的影响 δ, χ	工业化程度对均衡的影响 $\frac{U_s}{U_r}$	非农产业化对均衡的影响 θ, η	非农产业化对均衡的影响 $\frac{U_s}{U_r}$	非住房消费品的支出比重对均衡的影响 γ	非住房消费品的支出比重对均衡的影响 $\frac{U_s}{U_r}$
1.05	0.970	0.58	0.996	0.56	0.9990	0.05	1.0079	0.01	0.9484	0.78	1.1041
1.09	0.981	0.65	0.996	0.62	0.9992	0.09	1.0050	0.03	0.9653	0.83	1.0628
1.12	0.991	0.69	0.997	0.67	0.9996	0.12	1.0026	0.05	0.9825	0.87	1.0309
1.14	0.997	0.72	0.999	0.70	0.9999	0.14	1.0009	0.06	0.9912	0.90	1.0076
1.15	1.000	0.73	1.000	0.71	1.0000	0.15	1.0000	0.07	1.0000	0.91	1.0000
1.16	1.003	0.74	1.001	0.72	1.0001	0.16	0.9991	0.08	1.0089	0.92	0.9924
1.18	1.010	0.78	1.006	0.75	1.0007	0.18	0.9972	0.11	1.0360	0.93	0.9849
1.21	1.020	0.82	1.013	0.80	1.0022	0.21	0.9942	0.14	1.0638	0.95	0.9700
1.25	1.034	0.87	1.028	0.85	1.0049	0.25	0.9896	0.17	1.0925	0.98	0.9481

工程度，分工的退化总是使大市场受损，而只有发达的分工才能更好地被较大的本国市场所利用。最后，工业化、非农产业化和生产消费活动对土地资源依赖程度的降低会深刻影响大国效应的发挥和强弱。δ 和 χ 表示的是生产企业对于中间产品投入的支出比重，反映了生产活动对于物质资本的依赖程度。当 δ 和 χ 增大时，意味着经济结构正在从劳动密集型产业向资本密集型产业转型。θ 和 η 表示在总的生产支出中，土地支出所占的比重，反映了生产活动对于土地资源的依赖程度。当 θ 和 η 变小时，意味着经济结构从土地密集型的农业向非农产业转型。所有这些变化都会增强或减弱大国效应的程度。

由本节分析可知，随着历史向前推进，各国市场化、商品多样化、工业化和非农产业化的程度都在显著提升，经济活动对土地资源的依赖程度在显著下降，这将有利于大国从这些社会转型中获得更多的好处。另一方面，以上各种社会进步通常又伴随着国际运输费用和贸易成本的下降，这将有利于各个国家之间开展更多的贸易活动。考虑到小国从国际贸易中获得的好处更多，于是，大国在这种贸易开放中又极有可能逐步丧失其优势。这两种相反的趋势孰强孰弱是不确定的，因此，大国效应能否在经济进步中得到维持还有赖于一些其他条件能否得到满足。

根据前面的分析，我们给大国效应下一定义：大国效应是指一国由于其人口规模较大和人均可用土地或资源占有量较多而产生的优势。这种优势之所以产生，原因之一是各个国家之间的贸易成本较高，从而导致国家之间的贸易量较少，大国依靠较大的本国市场就可以实现较好的经济发展。另外，各国同时发生的非农产业化和劳动分工的深化会使大国生产的产品种类更多，于是，大国从这种经济进步中获得了更多的交易成本节约和分工所带来的好处。考虑到较大的人口规模会摊薄人均土地或资源的占有量，因此，当各国土地数量给定时，人口规模与人均收入差距之间会呈现倒"U"形关系。于是，大国效应仅仅出现于某一适度偏大的人口区间。

第五节　制约大国效应发挥作用的非对称因素

前文我们证明了大国效应的存在性及其存在的条件。我们的研究表明，即便大国与小国所面临的其他条件都完全相同，但是，只要大国在人口规模或土地面积上存在一定的优势，大国效应仍有可能出现。本节放开前文的对称条件，引入多组非对称性。我们的处理方法是：仍假设大国在人口规模上拥有较大的优势，其他条件与表 3.3 的参数设定完全相同，然后，我们选择一个外生参数，令其发生变化，观测该参数对两国人均实际收入的影响。

1. 国内交易成本对一般均衡的影响

假设 $T=1.53$，$t_0=1.15$，其他参数的取值均与表 3.3 相同，且保持不变，令 t 发生变化，数值模拟结果如表 3.5 所示。

表 3.5 显示，各国国内市场的运输成本（将其理解为"交易成本"更准确）对于贸易均衡和各国人均收入具有重要的影响。当大国国内运输成本系数不太高时（$t<1.16422$），大国可凭借其在人口规模上的优势获得大国效应。但是，当大国国内运输成本系数增加到某一特定值之上时（$t>1.16422$），大国效应就会消失，于是，大国人均实际收入下降到小国之下。国内市场运输成本系数的大小在相当程度上反映了国内市场的发育程度。国内各区域之间的贸易障碍、信任规则的缺失、产权边界不清晰、信息不完全、地方保护主义倾向、交通设施的密度和运输工具的使用都可能对国内运输成本系数的大小产生重要影响。很显然，大国有时会有较高的国内运输成本和交易成本系数，这可能会导致这些国家的市场发育程度较低，这一点可以解释"为什么有些大国会变得非常贫穷"。表 3.5 的数据还表明，即便大国国内的运输成本系数高于小国，但

表 3.5　国内运输成本对一般均衡的影响

参数	人均实际收入			产品种类数				价格变量	
t	U_{ri}	U_{sj}	λ	P_r	P_s	w_{ri}	w_{sj}	λ	p_{sR}/p_{tR}
1.09000	3.8878	3.5926	0.6611	350.98	232.04	118.94	0.9268	0.9501	0.4751
1.13000	3.7498	3.6182	0.6595	349.75	230.67	119.08	0.9427	0.9734	0.4867
1.15000	3.6847	3.6309	0.6587	349.16	230.00	119.15	0.9505	0.9849	0.4924
1.16000	3.6531	3.6372	0.6584	348.87	229.68	119.19	0.9544	0.9906	0.4953
1.16422	3.6399	3.6399	0.6582	348.74	229.54	119.20	0.9560	0.9930	0.4965
1.17000	3.6221	3.6435	0.6580	348.58	229.35	119.22	0.9583	0.9963	0.4981
1.19000	3.5617	3.6561	0.6572	348.01	228.72	119.29	0.9659	1.0076	0.5038
1.21000	3.5036	3.6686	0.6565	347.46	228.10	119.36	0.9735	1.0188	0.5094
1.25000	3.3934	3.6934	0.6550	346.40	226.90	119.50	0.9884	1.0411	0.5206

只要不超过某一特定值，大国仍可凭借其大国特征获得较高的人均实际收入。一个奇怪的现象是，随着大国国内交易成本的下降和市场条件的改善，大国的人均实际收入会显著上升，而小国的人均实际收入则有轻微下降。这是因为小国的一部分经济活动转移到了大国。这是最经典的产业集聚：一个国家的产业向另一国转移和集聚。经济活动总是会倾向于向着市场机制发育比较完善和持续改善的地区转移和集聚。Fan and Scott（2003）提出，市场改善和本地交易成本降低是导致其他地区的产业向该地区集聚的重要原因，本书模型以数学方式有力地证明了这一观点。

2. 资源依赖强度对一般均衡的影响

假定 $T = 1.85$，$t = t_0 = 1.15$，$\eta = 0.07$，其他参数与表3.3相同，除 θ 之外的所有参数都保持不变，数值模拟结果如表3.6所示。

θ 和 η 反映了土地生产力的大小或土地对企业生产的贡献，但它同时也反映了企业之间的拥挤效应。当 θ 值较小时，大国土地对企业生产的贡献较小，企业对土地的需求较小，从而土地的租金率较低，于是，大国在有限的土地上就能容纳较多的企业数目，由此，大国可以获得更强的竞争优势。值得注意的是，如果将 θ 和 η 结合在一起看，两者的差异实际上也隐含地反映了两国经济结构的差异。如果 $\theta > \eta$，意味着大国的非农产业化程度较小国低；如果 θ 值变小，则意味着大国的经济结构正在从土地密集型的农业向劳动密集型的非农产业转型。由表3.6可知，在 $\theta > 0.09209$ 的情况下，大国因非农产业化程度较低而落后于小国。但是，当该值下降到 $\theta < 0.09209$ 时，大国经济结构就开始从农业向非农产业转型，其经济结构对于土地的依赖性大为降低，于是，其人均实际收入终于超过小国。该结果表明，一个国家的经济结构对于该国经济发展具有重要影响。若一国经济对土地的依赖性过高，其经济结构一定是以农业为主，那么，该国经济发展程度必受土地数量的制约，尤其是在那

表 3.6 资源依赖强度对一般均衡的影响

参数	人均实际收入		产品种类数				价格变量		
θ	U_{ri}	U_{sj}	λ	n	λn	$(1-\lambda)n$	P_s/P_r	w_s/w_r	P_{sR}/P_{rR}
0.05500	3.7456	3.3314	0.6686	354.23	236.85	117.38	0.9273	0.9018	0.5092
0.06500	3.6160	3.3237	0.6634	348.58	231.25	117.33	0.9296	0.9373	0.4875
0.07500	3.4949	3.3162	0.6583	343.21	225.93	117.28	0.9318	0.9737	0.4685
0.08500	3.3810	3.3090	0.6532	338.06	220.83	117.23	0.9341	1.0111	0.4518
0.09209	3.3041	3.3041	0.6497	334.53	217.34	117.19	0.9356	1.0384	0.4412
0.09500	3.2734	3.3021	0.6482	333.11	215.93	117.18	0.9362	1.0498	0.4371
0.10500	3.1713	3.2953	0.6433	328.33	211.20	117.13	0.9384	1.0897	0.4241
0.11500	3.0740	3.2886	0.6383	323.71	211.20	117.13	0.9406	1.1312	0.4125
0.13500	2.8924	3.2758	0.6284	314.88	197.88	116.99	0.9448	1.2188	0.3929

些土地不足而又人口过多的国家。这些国家的经济结构必须向非农产业转型，大力发展工商业经济，才能摆脱资源瓶颈的限制，否则就会陷入贫穷陷阱。由此可见，一个国家的非农产业化程度与该国收入水平可能呈现正相关关系。较低的非农产业化水平必然制约大国经济发展，使大国效应难以正常发挥作用。

3. 工业化程度对一般均衡的影响

假定 $T = 1.85$，$\chi = 0.15$，$\eta = 0.07$，$t = t_0 = 1.15$，令外生参数 δ 和 θ 保持可变，但 $\delta + \theta = 0.23$，数值模拟结果如表 3.7 所示。

δ 值增大而 θ 值下降反映了大国经济结构正在从资源密集型的农业经济向资本密集型的工业经济转型。通常，工业化水平越高，生产过程对资源和土地的依赖程度就越低。表 3.7 显示，当 $\delta < 0.13906$ 且 $\theta > 0.09094$ 时，大国的工业化程度较低，该国可能仍滞留于农业社会，于是，该大国的人均实际收入远低于小国。随着 δ 值上升，经济结构从农业向工业化转型，大国的人均实际收入快速超过小国。一个值得注意的现象是，当 δ 值上升而 θ 值下降时，大国的地租率相对于小国显著下降，这表明土地对生产的贡献越来越小，而中间产品所发挥的作用变得越来越大。中间产品的贡献大小在一定程度上也反映了产业关联的程度。当产业关联程度较高时，意味着生产的迂回程度和纵向分工的水平也较高，较高程度的迂回生产代表着一种生产力更高的生产方式（Böhm-Bawerk，1959）。当大国内部产业关联的程度和工业化水平得以提升的时候，大国经济自然会得到较好的发展。因此，工业化与经济发展具有正相关关系。当欧洲发生工业革命的时候，原本非常富裕的中国和印度没有及时实现其经济结构从农业向工业化转型，这可能是这两个国家在近代落后于欧洲的重要原因之一。

表 3.7 工业化程度对一般均衡的影响

参数		人均实际收入		产品种类数			价格变量		
δ	θ	U_{ri}	U_{sj}	λ	λn	$(1-\lambda)n$	P_s/P_r	w_s/w_r	p_{sR}/p_{rR}
0.09000	0.14000	2.8689	3.2575	0.6147	186.41	116.86	0.9497	1.2062	0.3988
0.11000	0.12000	3.0136	3.2727	0.6266	196.31	116.97	0.9449	1.1407	0.4170
0.12000	0.11000	3.1011	3.2814	0.6333	202.08	117.03	0.9422	1.1056	0.4267
0.13000	0.10000	3.1999	3.2909	0.6403	208.47	117.10	0.9393	1.0690	0.4370
0.13906	0.09094	3.3003	3.3003	0.6471	214.84	117.17	0.9366	1.0348	0.4469
0.14000	0.09000	3.3113	3.3013	0.6478	215.53	117.17	0.9363	1.0312	0.4480
0.15000	0.08000	3.4371	3.3126	0.6558	223.35	117.25	0.9330	0.9923	0.4599
0.16000	0.07000	3.5793	3.3250	0.6641	232.03	117.34	0.9294	0.9523	0.4731
0.18000	0.05000	3.9247	3.3533	0.6823	252.44	117.54	0.9217	0.8694	0.5043

第六节 结 论

本章运用现代经济学研究方法，在空间一般均衡的框架下，通过引入国土面积和人口规模两个纯自然的大国特征，对"大国效应"的存在性、"大国效应"发生作用的条件进行了研究，并通过引入多个非对称条件对限制大国效应发挥作用的因素进行了剖析，然后我们采用动态面板数据对模型所得出的结论进行了检验。本章的基本研究结论如下：

其一，各国在人口规模上的差异与它们之间的人均实际收入差异呈倒"U"形关系。在适度偏大的人口区间内，大国效应是有可能出现的。不过，由于土地和资源的有限，若给定土地面积，当大国人口超过某一临界值时，大国效应就会因为人均土地占有量过少而削弱或消失。在人口规模和其他条件不变的情况下，土地面积和资源储量对于各国人均收入差异具有单调的正向影响。其理由是，较大的土地面积和资源量可以缓解人口拥挤的压力，使大国能够容纳较大的人口规模。如果一个国家既有较大的国土面积和资源量，又有较大的人口规模，那么，大国效应在该国出现的概率就会更大。

其二，国家之间的运输成本较高是大国效应产生的一个重要条件。当国际运输成本较高时，大国可凭借其较大的国内人口规模和本国市场潜力，获得较高的人均实际收入。如果国家之间的运输成本极高，各个国家之间的贸易将不可能发生，这时，世界经济将回到自给自足的封闭状态，大国优势将达到最大化，而小国则可能变得十分贫穷。如果运输成本下降，各个国家之间的贸易规模就会扩大，这些国家将同时从贸易中获益，但小国从中获得的利益更多，这将导致各个国家之间的收入差距缩小，于是，大国效应趋于减弱或消失。古地中海沿岸的埃及帝国和罗马帝国，地处南亚的印度帝国和位于东方的中华帝国都曾经是大而繁荣的国家。但是，自15—16世纪大西洋大航海时代以来，国家之间的运输成本显著地降低了，于是，一些欧洲小国在很短的时间内就走到了高收入国家的前台。反观中国，元朝政府将国际贸易业务收归官办，禁止民间海外贸易，明代实施严厉的禁海法令，清代实施更全面的海禁，于是，国际贸易的成本被人为地提高了，甚至被禁止了。从此，中国便被孤立于世界贸易之外，从一个富裕的大国变成了贫穷的大国。

其三，工业化、非农产业化和市场条件的改善是大国效应产生的另一原因。如果各个国家同时出现了同等程度的市场改善以及同等程度的工业化和非农产业化(这意味着，除人口规模和土地面积存在差异之外，大国与小国所面临的其他条件都是相同的)，这时，各国经济将同时向前发展，但大国将从中获得更多的好处。在理论上，我们可以测量出大国效应的程度。不过，运输成本的下降与工业化倾向通常是同时发生的，工业化和国内市场改善使大国获益更多，贸易开放度提高使小国获益更多，这两件事有可能同时发生。最终，大国和小国将同时获得发展，但大国与小国究竟谁从这种对称的进步中获得了更多的好处并不容易判断。

其四，大国效应可能会因为其他一些非对称因素的影响而增强或减弱。各国国内市场交易成本的差异会深刻影响这些国家之间的人均收入差异。通常，各国地貌特征、行政区划、制度习俗、法律典章和市场发育程度都具有显著的差异，这些地理和制度上的差异必然会反映到市场交易成本之中，并影响劳动分工的程度。如果一个国家的国内市场交易成本较高，该国就极有可能落后于其他国家，因为经济活动总是会倾向于转移和聚集到市场发育程度较高和交易费用较低的地区。本书实证研究显著支持了这一观点。中华人民共和国成立以后，实施公有制改造和计划经济，消灭了市场机制，从而使得物品在空间上和在物主之间的转移成本大幅度提高，这在相当程度上制约了劳动分工和经济发展。改革开放使中国国内市场运行成本和商品交换成本大幅度降低，接着便迎来了中国的经济发展奇迹。不过，中国的市场机制仍有些缺陷，比如，部分法制不健全和执行力不足、一定程度上存在地方保护主义和贸易壁垒等，这导致中国的市场交易成本仍高于部分市场经济国家，从而使中国相对于一些国家仍显得贫穷。

其五，各个国家之间经济结构的差异对于国家之间的贫富差距具有非常重要的影响。当一个国家的经济结构从农业社会向工业社会或非农社会转型时，该国经济活动对于土地和资源的依赖程度会大幅度降低，于是，该国人均实际收入会显著提高。如果该国由于人口规模太大，其人均土地和资源占有量本来就较少，那么，这种结构转型将帮助该国缓解或克服其资源不足的劣势。中国自元明清以来，经济结构从以手工业为主的社会（南宋时代的手工业非常发达）退回到以农耕为主的社会，经济发展程度大幅度降低。恰在此时，欧洲走出了漫长的中世纪，意大利发生了文艺复兴并开始向工场手工业迈进，随后英国发生了工业革命，于是，中国便很快落后于西方世界。20 世纪 80 年代以来，中国实施了市场化的经济体制改革，大量农村剩余劳动力从农村转移到城市，中国迅速从农业大国过渡到制造业大国，经济结构从以农耕为主转型为以制造业和工业为主，于是，中国获得了经济的快速发展。近年，中国提出了转变经济发展方式，将经济结构从依靠规模扩张和投资拉动的数量型增长转变为以依靠技术创新、管理创新和提高市场效率为核心的质量型增长，中国或将迎来一波新的发展机会。

本章在一定程度上参考了迪克西特—斯蒂格利茨模型、中心—外围模型和中心—外围垂直联系模型的建模方法。但是，与上述模型及其他一些新经济地理模型相比，本章模型仍有如下一些特色：① 考虑到模型处理的难度，大多数模型都假设两国条件完全对称，亦有少数模型引入少量的非对称性（Allen and Arkolakis，2013；Redding and Turner，2014）。但是，由于本书研究的是大国效应，故本章模型采用了多组非对称条件，我们假设各国人口规模、土地面积、技术水平、国内运输成本、经济结构对资源的依赖程度和产业关联的程度均不相同，这就使得模型处理的难度大大增加，同时也使得本章模型的研究结论更加丰富。② 对于土地要素的作用，本章模型假设所有生产和消费活动都必须使用土地和占用空间，在有限的土地上劳动与企业的持续增加必将导致边际收益递减规律发挥作用，从而导致地租率上涨并产生拥挤效应，进而导致人均收入降低。这种对拥挤效应的处理方法非常符合一般均衡的处理原则。③ 本章模型不仅考虑了国家之间的运输成本，而且引入了各个国家的国内市场交易成本，并假定各个国家内部的市场交易成本系数是不相同的，这使得我们可以在数理上对各国国内市场发育程度的差异对产业集聚和产业转移的影响进行研究，进而对交费费用与经济发展之间的关系进行研究。④ 本章模型考虑了经济结构对土地与自然资源的依赖程度和对中间产品的依赖程度（产业关联系数），并假定各个国家的经济结构存在差异。这就使得我们可以在数理上对工业化、非农产业化和产业关联对经济发展和国家之间收入差距的影响进行研究。

第四章

大国的要素结构陷阱和结构转型

根据上一章大国效应模型所提供的结论，大国可通过其要素规模的扩大而获得市场潜力、分工经济和产业链的优势（李君华、欧阳峣，2017），但要素结构也有可能因人口规模的过度扩张而失衡。当其要素结构失衡时，可能会产生两种相反的结果：其一，陷入"马尔萨斯陷阱"；其二，促使经济结构向丰裕要素密集型产业转型（Lin，2015），从而缓解因人均资源不足所引起的要素结构矛盾。我们可将以上现象称为"要素结构悖论"。本章在前一章的基础上，对人口规模扩张引起的要素结构变化和经济结构转型的同时内生化进行了研究。本章的模型证明，人口规模扩张引起的经济结构转型，可以缓解和克服因人均资源不足所引起的要素结构矛盾，从而使大国跨越"中等收入陷阱"。本章的安排如下：第一节是引言；第二节是模型的设定和求解；第三节是通过数值模拟剖析人口规模扩张所引起的经济结构转型及其传导机制；第四节是结论。

第一节 引 言

新古典框架下的索洛模型存在两大致命的"硬伤"：其一，忽略了土地与自然资源对经济增长的影响；其二，没有考虑经济结构变迁对经济增长的影响。这两大"硬伤"实际上是同一个类型的问题。按照马尔萨斯和李嘉图的观点，土地资源是有限的，而人口则以几何级数增长，由于边际收益递减规律发挥作用，人类必然陷入增长停滞的陷阱（Malthus，1951；Ricardo，1951）。这一思想实际上就是说，人口增长导致要素禀赋结构失调，必将导致经济增长不可持续。后来的经济学家解释说，技术进步可以抵消人口与土地之禀赋结构失调的消极影响，于是，经济增长就变得可以持续了。这一解释抹去了马尔萨斯对于要素禀赋结构失调的担忧，但也导致现代经济学不再考虑土地要素和禀赋结构对经济增长的影响。然而，土地与自然资源不足毕竟是制约经济增长最重要的硬约束。一些经济学家意识到了地理和自然资源的重要性，他们尝试着将地理与区位因素考虑到经济学模型中来。这些模型中最有影响的是克鲁格曼的中心—外围模型（简称"CP模型"）（Krugman，1991；Fujita and Thisse，2002）和克鲁格曼与维纳布尔斯的中心—外围垂直联系模型（简称"CPVL模型"）（Krugman and Venables，1995；Fujita，Krugman and Venables，1999）。但是，这两大模型对于分析经济结构转型并无帮助，原因是：其一，虽然CP模型和CPVL模型都声称将地理空间引入一般均衡框架，但是，这两大模型中的南北两国都只是一个点，两个点之间有距离的存在，两国之间的商品贸易也需要支付运输成本，而两大模型并没有考虑国土面积和自然资源的数量，其空间实际上只是没有内容物的虚无空间，因此，这两大模型就不可能将人口与土地资源的结构变化考虑到模型中来，更不可能对经济结构转型进行分析。其二，CP模型和CPVL模型都假设了严格的对称性，两个国家在人口规模、效用函数和生产函数中各个参数值的设定上都完全相同，这种严格的对称性使我们无法将要素禀赋结构及其变化考虑到模型中来。

将经济结构变迁作为经济学研究对象的努力经历了两个阶段。早期结构主义认为，发展中国家若要赶上发达国家的收入水平，就应当拥有和发达国家一样的技术密集型产业，但是，由于市场失灵，发展中国家的经济结构总是滞留在传统产业，从而导致这些国家持久地落后于发达国家。为了纠正以上资源配置上的市场失灵，结构主义主张由政府对市场进行纠偏，对某些特定的推动性产业进行大规模投资，通过诱发乘数效应实现国民收入的快速增长（Rosenstein-Rodan，1961）。然而，结构主义的经济政策并没有给发展中国家带来预期的经济增长，反而引起了经济停滞。新结构变迁理论认为，经济结构内生于要素禀赋结构、技术创新和市场过程。在某一给定的时点上，一个经济体的要素禀赋结构是给定的，但是，从较长的时期看，其要素禀赋结构则有可能发生变化，这种变化会引起各种要素的相对价格发生相应的变动，并引发替代效应，于是，经济结构转型就发生了（Ju，Lin and Wang，2015；Lin，2016）。新结构变迁理论与早期结构主义的本质区别在于，前者所依赖的微观基础是企业的自生能力，而企业自生能力又依赖于一个有效的市场。但是，由于外部性的存在和交易费用并不等于零（信息不完全），因此，政府在某些市场失灵的领域仍然是可以有所作为的。

　　本章在空间一般均衡框架下对内生的经济结构转型进行研究。我们认为，经济结构转型至少有三种驱动力：要素禀赋结构变动、技术创新和市场交易效率的改善。当一国要素禀赋结构发生变动时，丰裕要素的相对价格可能会下降，而稀缺要素的相对价格会上升，为降低生产成本，该国会谋求丰裕要素密集型产业的发展，并减少稀缺要素密集型产业在该国国民收入中的比重，从而使该国经济结构向丰裕要素密集型产业转型。这是要素禀赋结构驱动的经济结构转型。另一种经济结构转型是由技术创新所驱动。持续的工业技术创新会促使新企业大批量滋生，并吸纳和争夺经济系统中的各种生产要素，使要素价格上涨。由于工业企业之间存在较强的关联效应，这种技术创新还有可能将其他国家的关联工业吸纳到本地，这将会进一步使本国生产要素的相对价格上升，从而对传统产业产生挤出效应，于是，促使该国经济结构从传统产业向新型工业转型。第三种经济结构转型的驱动力是市场效率的改善。本国市场交易效率的改善或交易成本的下降会吸引其他国家的经济活动向本国转移和集聚，这将导致该国土地租金率和劳动工资率上升，考虑到土地资源的有限性，地租率的上升可能会更加明显，于是，该国土地密集型的农业就有可能被其他产业所挤出，从而引起该国经济结构从农业向非农产业转型。

本章在一定程度上参考了中心—外围垂直联系模型的建模思路，但是，与该模型相比，本章模型有如下一些不同之处：其一，包括 CPVL 模型在内的新经济地理模型大多依赖于对称性假设，但是，对称性假设无法研究要素禀赋结构的变动、技术创新和本国市场效率改善对经济结构转型的影响，因此，本章模型假设两个国家在人口规模、要素结构、技术偏好、本地市场交易费用等方面均不相同。这种假设有利于我们对要素结构的差异变动、技术创新等非对称的外生冲击对经济结构变迁的内生性影响进行研究，而基于对称假设的 CPVL 模型显然无法完成这一任务。其二，本章模型将土地面积引入空间一般均衡模型，由于所有经济活动都必须使用土地，当一国经济活动增加时，必然引起土地租金率上涨，从而对经济活动产生挤出效应。由于农业活动必须使用更多的土地，因而，农业所受到的挤出效应必然更明显。我们假设农业活动较之工业活动必须使用更多的土地，这就使我们可以以土地租金率作为中间的传递变量内生出要素禀赋结构对经济结构转型的影响。

第二节　模型的设定和求解

经济结构转型涉及多种非对称因素的影响，只有在空间一般均衡框架下，才能将这些因素整合到一个统一的模型中。在我们的模型中，有两类行为主体：消费者和企业。消费者通过向企业出售劳动获得工资收入，出租土地获得地租收入，他们将全部收入用来购买工业品和农产品；企业通过出售产品获得收入，并将其全部收入用来雇用劳动、租用土地和购买中间产品，以维持其再生产。企业有两种类型：工业企业和农业企业。对于这两类企业，Krugman and Venables（1995）的观点是，农产品市场是完全竞争市场，农产品运输不需要支付运输成本，因而，农业工资率可设定为1。本章的观点是，农产品运输与工业品运输具有相同的性质，两者都需要支付运输成本，农业与工业最本质的差异在于，农业生产需要占用较多的土地，而工业生产要求有较多的中间产品投入，但对土地的需求较少。工业品与农产品生产函数的这种差异性使我们可以在不同国家内生出差异化的地租率，并通过地租率和替代效应引导经济结构的转型。

考虑两个国土面积和人口规模不相等的国家，其国土面积分别为 R_r 和 R_s，人口规模分别为 L_r 和 L_s。由于资本或中间产品由经济过程内生，于是，各国人口规模与国土面积之比即为该国要素禀赋结构。假设人口不可以在两国之间流动，但可以在各个国家内部自由地选择和转换职业，于是，各个国家内部的农业工资率与工业工资率必趋于相等，但两个国家之间的工资率不一定相等。假定各国土地由该国人口平均拥有，并全部出租给生产者。经济系统中的工业品与农产品种类数及产量均由模型内生，所有商品在国家之间和国家内部的运输都必须支付运输成本或交易成本。对于运输成本，我们采用冰山成本技术进行处理（Samuelson，1954），并按照"数量折损法"进行计算。假定 r 国代表性消费者的效用函数和预算约束为：

$$\max U_r = \left[\int_0^{\lambda n} \left(\frac{Z_{rii}}{t} \right)^{\rho} di + \int_0^{(1-\lambda)n} \left(\frac{Z_{risj}}{T} \right)^{\rho} dj \right]^{\gamma/\rho}$$

$$\cdot \left[\int_0^{\kappa m} \left(\frac{A_{riA}}{\tau} \right)^{\delta} dA_r + \int_0^{(1-\kappa)n} \left(\frac{A_{risA}}{T} \right)^{\delta} dA_s \right]^{(1-\gamma)/\delta},$$

$$\text{subject to} \quad w_r + \frac{R_r}{L_r} p_{rR} = \lambda n p_{ri} Z_{rii} + (1-\lambda) n p_{sj} Z_{risj} + \kappa m p_{rA} A_{riA}$$

$$+ (1-\kappa) m p_{sA} A_{risA},$$

$$\lambda, \kappa \in [0,1], \quad \gamma, \rho, \delta \in (0,1). \tag{4.1}$$

式（4.1）中，Z_{rii} 和 A_{riA} 分别为 r 国代表性消费者对本国生产的某工业品与农产品的购买数量，Z_{risj} 和 A_{risA} 分别为消费者对外国生产的某工业品与农产品的购买数量。n 和 m 分别为工业品与农产品的种类数，λ 和 κ 分别为 r 国生产的工业品和农产品种类数的比重。w_r 和 p_{rR} 分别为 r 国的工资率和土地租金率，p_{ri} 和 p_{rA} 分别为 r 国工业品与农产品的工厂价格，p_{sj} 和 p_{sA} 分别为 s 国工业品与农产品的工厂价格。T 为两个国家之间的冰山运输成本系数，t 和 τ 为 r 国内部的工业品与农产品的交易成本系数，s 国拥有与 r 国不同的国内市场交易成本系数，分别用 t_0 和 τ_0 表示。γ 为消费者的工业品支出在其总支出中的比重，ρ 和 δ 分别为消费者对工业品与农产品的多样化偏好系数。

工业部门有三种投入要素，分别是劳动力、中间产品和土地。中间产品类似于我们平常所说的实物资本，它是工业过程的产物，由模型所内生。作为一种内生的生产要素，中间产品与其他生产要素的比例通常是可变的。另一方面，中间产品在国家之间也是可以自由流动的，其转移成本为冰山运输成本。我们将 r 国代表性工业企业的生产函数和成本函数设定为：

$$\max q_{ri} = \left[\int_0^{\lambda n} \left(\frac{X_{rii}}{t} \right)^\eta di + \int_0^{(1-\lambda)n} \left(\frac{X_{risj}}{T} \right)^\eta dj \right]^{\chi/\eta} l_{ri}^{1-\chi-\theta} H_{riR}^\theta,$$

$$\text{subject to} \quad p_{ri}q_{ri} = \lambda n p_{ri} X_{rii} + (1-\lambda) n p_{sj} X_{risj} + w_{rl} l_{ri} + p_{rR} H_{riR},$$

$$\chi, \theta, \eta \in (0,1),$$

$$C_{ri} = (F + cq_{ri}) P_r, \quad F, c > 0. \tag{4.2}$$

式（4.2）中，X_{rii} 和 P_r 分别是 r 国代表性企业对本国生产的中间产品 i 的需求量和对外国生产的中间产品 j 的需求量，P_s 和 H_{riR} 为生产该产品时的劳动投入量和土地需求量。系列中间产品、劳动和土地以组合要素的方式投入生产过程，F 为组合要素的固定投入量，c 为边际投入量，P_r 为组合要素的价格指数。在以上生产函数给定的技术条件下，企业的产量为 q_{ri}。参数 θ 为工业产品总成本中土地的支出比重，它反映了生产对土地的依赖程度。χ 为中间产品支出在总支出中的比重，它反映了企业之间的产业关联程度。η 表示工业企业在技术上对中间产品多样性的偏好系数，它反映了产业链的长度、技术的先进性和新产品滋生的程度。与之相对照，我们用 μ 表示 s 国的技术多样化偏好系数。

农业与工业最大的不同在于，前者需要占用较多的土地。当然，农业也需要使用一定数量的中间产品，但是，为了简化起见，我们不考虑农业对中间产品的依赖性，这不会影响本书的研究结果。我们将 r 国农业企业的生产函数和成本函数设定为：

$$\max \ q_{rA} = l_{rA}^{1-\beta} H_{rAR}^{\beta},$$

$$\text{subject to} \quad p_{rA}q_{rA} = w_r l_{rA} + p_{rR}H_{rAR}, \quad \beta \in (0,1),$$

$$C_{rA} = (g + c_A q_{rA})P_{rA}, \quad g, c_A > 0. \tag{4.3}$$

式（4.3）中，q_{rA} 为农业企业的产量，l_{rA} 和 H_{rAR} 是该企业的劳动和土地的需求量。农业企业同样有规模经济，g 是以劳动和土地作为组合投入要素的固定投入，c_A 为边际投入，P_{rA} 为农业组合投入要素的价格指数。参数 β 是农业对土地资源的依赖程度，即土地支出在农业总支出的比重。我们假设农业对土地有更高的依赖程度。

运用消费者福利最大化和企业利润最大化的一阶条件、欧拉定理、农产品市场和工业品市场的出清条件、国际贸易的平衡条件、各国人口约束方程和土地约束方程、产品种类数扩展的一致性原则，可求得方程系统（4.4）至（4.7）。在一般均衡框架之下，所有内生变量都是同时被决定的。

本模型共有 4 类 9 个均衡条件，未知数有 10 个。

每一个行业都有一个产品种类数的一致性均衡条件。本模型中有两个行业，故有两个产品种类数的一致性条件：

$$\begin{cases} L_{rA}w_r(1-\kappa)P_{sA} = L_{sA}w_s\kappa P_{rA}, \\ L_{rt}w_r(1-\lambda)fP_s = L_{sj}w_s\lambda FP_r. \end{cases} \tag{4.4}$$

每一国家中的每一个行业都有一个生产函数的返身最大化条件。模型中有两个国家、两个行业，故有 4 个返身最大化条件：

$$
\left\{
\begin{aligned}
&\frac{\left(\dfrac{\theta L_{ri}}{1-\chi-\theta}+\dfrac{\beta l_{rA}}{1-\beta}\right)^{\theta}\left(\dfrac{w_r}{P_r}\right)^{1-\frac{\chi}{\eta}}}{R_r^{\theta}\theta^{\theta}\left(\dfrac{c}{\rho}\right)^{1-\chi}(1-\chi-\theta)^{1-\frac{\chi}{\eta}-\theta}\left(\dfrac{\chi}{t}\right)^{\chi}}\\
&\qquad =\left(\frac{(1-\rho)L_{ri}}{\lambda F}\left[(1-\lambda)\left(\frac{P_r t}{P_s T}\right)^{\frac{\eta}{1-\eta}}+\lambda\right]\right)^{\frac{\chi}{\eta}-\chi},\\
&\left(\frac{\theta L_{ri}}{1-\chi-\theta}+\frac{\beta L_{rA}}{1-\beta}\right)^{\beta}w_{rA}=(1-\beta)^{1-\beta}R_r^{\beta}\beta^{\beta}\frac{c_A P_{rA}}{\delta},\\
&\frac{\left(\dfrac{\theta L_{sj}}{1-\chi-\theta}+\dfrac{\beta l_{sA}}{1-\beta}\right)^{\theta}\left(\dfrac{w_s}{P_s}\right)^{1-\frac{\chi}{\mu}}}{R_s^{\theta}\theta^{\theta}\left(\dfrac{c}{\rho}\right)^{1-\chi}(1-\chi-\theta)^{1-\frac{\chi}{\mu}-\theta}\left(\dfrac{\chi}{t_0}\right)^{\chi}}\\
&\qquad =\left(\frac{(1-\rho)L_{sj}}{(1-\lambda)f}\left[\lambda\left(\frac{P_s t_0}{P_r T}\right)^{\frac{\mu}{1-\mu}}+1-\lambda\right]\right)^{\frac{\chi}{\mu}-\chi},\\
&\left(\frac{\theta L_{sj}}{1-\chi-\theta}+\frac{\beta L_{sA}}{1-\beta}\right)^{\beta}w_s=(1-\beta)^{1-\beta}R_s^{\beta}\beta^{\beta}\frac{c_A P_{sA}}{\delta}.
\end{aligned}
\right. \tag{4.5}
$$

农产品市场和制成品市场的出清条件分别为:

$$
\left\{
\begin{aligned}
\frac{L_{rA}w_r}{\kappa(1-\beta)(1-\gamma)}&=\frac{\left(L_r+\dfrac{\theta L_{ri}}{1-\chi-\theta}+\dfrac{\beta L_{rA}}{1-\beta}\right)w_r}{(1-\kappa)\left(\dfrac{P_{rA}\tau}{P_{sA}T}\right)^{\frac{\delta}{1-\delta}}+\kappa}\\
&\quad+\frac{\left(L_s+\dfrac{\theta L_{sj}}{1-\chi-\theta}+\dfrac{\beta L_{sA}}{1-\beta}\right)w_s}{(1-\kappa)\left(\dfrac{P_{rA}T}{P_{sA}\tau_0}\right)^{\frac{\delta}{1-\delta}}+\kappa},\\[2ex]
\frac{L_{sj}w_{sj}}{(1-\chi-\theta)(1-\lambda)}&=\frac{\gamma\left(\dfrac{(1-\chi)L_{sj}}{1-\chi-\theta}+\dfrac{L_{sA}}{1-\beta}\right)w_s}{\lambda\left(\dfrac{P_s t_0}{P_r T}\right)^{\frac{\rho}{1-\rho}}+1-\lambda}+\frac{\dfrac{\chi L_{sj}w_s}{1-\chi-\theta}}{\lambda\left(\dfrac{P_s t_0}{P_r T}\right)^{\frac{\mu}{1-\mu}}+1-\lambda}\\
&\quad+\frac{\gamma\left(\dfrac{(1-\chi)L_{ri}}{1-\chi-\theta}+\dfrac{L_{rA}}{1-\beta}\right)w_r}{\lambda\left(\dfrac{P_s T}{P_r t}\right)^{\frac{\rho}{1-\rho}}+1-\lambda}+\frac{\dfrac{\chi L_{ri}w_r}{1-\chi-\theta}}{\lambda\left(\dfrac{P_s T}{P_r t}\right)^{\frac{\eta}{1-\eta}}+1-\lambda}.
\end{aligned}
\right.
$$

$$(4.6)$$

两个国家之间的贸易平衡条件为：

$$\frac{(1-\gamma)\left(L_r + \dfrac{\theta L_{ri}}{1-\chi-\theta} + \dfrac{\beta L_{rA}}{1-\beta}\right)}{\dfrac{\kappa}{1-\kappa}\left(\dfrac{P_{sA}T}{P_{rA}\tau}\right)^{\frac{\delta}{1-\delta}}+1} + \frac{\gamma\left(L_r + \dfrac{\theta L_{ri}}{1-\chi-\theta} + \dfrac{\beta L_{rA}}{1-\beta}\right)}{\dfrac{\lambda}{1-\lambda}\left(\dfrac{P_s T}{P_r t}\right)^{\frac{\rho}{1-\rho}}+1}$$

$$+ \frac{\dfrac{\chi L_{ri}}{1-\chi-\theta}}{\dfrac{\lambda}{1-\lambda}\left(\dfrac{P_s T}{P_r t}\right)^{\frac{\eta}{1-\eta}}+1} = \left[\frac{(1-\gamma)\left(L_s + \dfrac{\theta L_{sj}}{1-\chi-\theta} + \dfrac{\beta L_{sA}}{1-\beta}\right)}{\dfrac{1-\kappa}{\kappa}\left(\dfrac{P_{rA}T}{P_{sA}\tau_0}\right)^{\frac{\delta}{1-\delta}}+1}\right.$$

$$\left.+ \frac{\gamma\left(L_s + \dfrac{\theta L_{sj}}{1-\chi-\theta} + \dfrac{\beta L_{sA}}{1-\beta}\right)}{\dfrac{1-\lambda}{\lambda}\left(\dfrac{P_r T}{P_s t_0}\right)^{\frac{\rho}{1-\rho}}+1} + \frac{\dfrac{\chi L_{sj}}{1-\chi-\theta}}{\dfrac{1-\lambda}{\lambda}\left(\dfrac{P_r T}{P_s t_0}\right)^{\frac{\mu}{1-\mu}}+1}\right]\frac{w_s}{w_r}. \quad (4.7)$$

方程系统 (4.4) 至 (4.7) 看上去非常复杂，其实，我们不用管方程的具体形式。按照瓦尔拉斯的做法，我们只需要数一下方程的个数和未知数的个数。由于 $L_{rA}=L_r-L_{ri}$、$L_{sA}=L_s-L_{sj}$，方程系统中有 9 个方程，共有 10 个未知数 (P_r、P_s、w_r、w_s、P_{rA}、P_{sA}、λ、κ、L_{ri}、L_{sj})，其他字母与符号都是外生设定的参数，未知数的个数多于方程个数。按照 Krugman and Venables (1995) 的处理方法，将农业工资率标准化为 1 可减少一个未知数。但是，由于本章模型考虑了农业运输成本、农产品的多样化和农业市场的规模经济，因此，将农业工资率设定为 1 这一假设不再适用。我们的处理方法是，参照瓦尔拉斯的一般均衡思想和相对价格理论，选择一种商品作为衡量其他商品价格的一般等价物 (Walras, 1874；Ekelund and Hebert, 1997)。我们选取 P_r 作为一般等价物，令 $w_{ri}/P_r=\chi_1$、$w_{sj}/P_r=\chi_2$、$P_s/P_r=\chi_3$、$P_{rA}/P_r=\chi_4$、$P_{sA}/P_r=\chi_5$，于是，我们减少了一个未知数。解上述方程系统可求得未知数 χ_1、χ_2、χ_3、χ_4、χ_5、λ、κ、L_{ri}、L_{sj} 的解。将上述未知数的解代入效用函数可求得两个国家的人均实际收入，进而可求得其他所有内生变量的解。

第三节　数值模拟与结果分析

本节使用 MATLAB 软件对方程系统(4.4)至(4.7)进行数值模拟，求出方程系统各个未知变量的数值解，然后，运用所得结果，计算出其他内生变量所对应的一致数值解。我们的处理方法是，假定其他参数值不变，分别对所要考虑的参数变化对各内生变量的影响进行数值计算，这等价于在给定方程组的约束下分别求各变量对该参数的一阶导数。

1. 国际运输费用对一般均衡的影响

假设：$R_r = R_s = 3600$，$F = f = 10$，$c = 0.8$，$g = 8.5$，$c_A = 0.9$，$\gamma = 0.61$，$\rho = 0.72$，$\delta = 0.75$，$\eta = 0.65$，$\mu = 0.65$，$\chi = 0.09$，$\theta = 0.06$，$\beta = 0.25$，$t = t_0 = 1.12$，$\tau = \tau_0 = 1.12$。在表 4.1 左表中，我们假设 $L_r = L_s = 4200$，在右表中，假设 $L_r = 5400$，$L_s = 4200$。以上假设中，$g < F = f$，这表明农业的规模经济程度较低，$\delta < \rho$ 表明消费者对农产品的多样化偏好程度较低。以上参数均保持不变，国际运输成本系数保持可变。数值模拟结果见表 4.1 所示。

由表 4.1 左表可知，国际运输成本对两国之间的贸易量具有重要影响。在运输成本系数趋近于无穷大的时候，两个国家之间的贸易量为零，两国处在完全封闭和自给自足的状态之下，其人均实际收入处在最低水平。随着运输成本的下降，在对称假设之下的两个国家逐渐从自给自足模式过渡到对称结构，两国之间的贸易量(EX)显著增加，其人均实际收入也大幅度上升，但并没有出现从对称结构向中心—外围结构的转变。这一结论与 CPVL 模型(Krugman and Venables，1995；Fujita，Krugman and Venables，1999；Venables，1996)的结论完全不同。按照 CPVL 模型的观点，国际运输成本的下降会导致经济系统从对称结构转换到中心—外围

表 4.1 国际运输成本对一般均衡的影响

参数	对称假设之下国际运输成本的影响 ($L_r = L_s = 4200$)					非对称假设之下国际运输成本的影响 ($L_r = 5400, L_s = 4200$)				
T	U_r	U_s	λ	κ	EX	U_{ri}	U_{sj}	λ	κ	STRU
1.15	2.7528	2.7528	0.5	0.5	2271.23	2.8068	2.8858	0.6151	0.4596	0.6908
1.36	2.5462	2.5462	0.5	0.5	1740.54	2.6320	2.6285	0.6098	0.4696	0.6823
1.58	2.4132	2.4132	0.5	0.5	1320.86	2.5154	2.4666	0.5966	0.4910	0.6665
1.81	2.3252	2.3252	0.5	0.5	1002.04	2.4362	2.3617	0.5859	0.5083	0.6537
2.45	2.2052	2.2052	0.5	0.5	507.89	2.3258	2.2215	0.5719	0.5308	0.6368
2.92	2.1665	2.1665	0.5	0.5	333.90	2.2897	2.1770	0.5680	0.5372	0.6319
3.64	2.1365	2.1365	0.5	0.5	194.55	2.2616	2.1426	0.5653	0.5418	0.6282
$+\infty$	2.0942	2.0942			0	2.2220	2.0942			0.6235

结构，在中心—外围结构之下，北国完全专业化于制造业，而农业产品完全由南国生产。本章没有支持这种观点。

在表4.1右表中，我们放弃了对称假设，假设 r 国的人口规模大于 s 国。与左表相比，右表有四个新增结论：其一，国际贸易有利于经济结构转型。由右表数据可知，随着运输成本的下降，r 国逐步减少了其农业活动，但其工业活动却不断增加，于是，该国从工农业并重型结构向以工业活动为主的经济结构转型。其二，国际贸易和由此引起的经济结构转型有利于所有参与国的经济发展。随着国际运输成本的下降和 r 国经济结构的转型，两国的人均实际收入都显著提高。其三，相对于大国，小国从国际贸易中获得的好处更多。s 国的人口规模小于 r 国，但是，随着运输成本的下降和国际贸易流量的增加，小国人均实际收入增长的速度明显快于大国，这主要是因为小国对国际贸易的参与程度和依存度大于较大的国家（Li and Ouyang, 2016）。其四，经济结构转型和工业活动的集聚是渐进发生的，不会出现突然的飞跃。Krugman and Venables（1995）断言，当运输成本下降到某一临界点，经济系统会突然从对称结构跳到中心—外围结构，而本书模型否定了这种观点。表4.1中第11列数据显示，随着 T 值的下降，STRU 值（r 国的工业活动在其全部经济活动中所占的比重）不断增加，但没有突然变成1，这表明经济系统不会突然从对称结构跳跃到中心—外围结构，而是会逐步从工农并重结构转化为以工业为主的经济结构。这正如马歇尔（1997）所言："大自然没有飞跃。"

2. 要素禀赋结构对经济结构转型的影响

假定 $T=1.58$，$L_s=4200$，其他参数值与表4.1相同，但 L_r 可变。土地面积（R_r）不变，人口规模（L_r）发生变化，则意味着要素禀赋结构即人口与土地的比例发生变化。数值模拟结果见表4.2。

由表4.2可以得出如下三个结论：其一，要素禀赋结构的变化会影响生产要素的相对价格。在土地面积不变的前提下，持续增加劳动力投

表 4.2 要素禀赋结构对一般均衡的影响

参数	人均实际收入		其他内生变量						
L_r	U_r	U_s	L_{ri}	L_{sj}	λ	κ	p_{rR}/w_r	p_{sR}/p_{rR}	STRU
8400	2.7278	2.5956	6323.03	2003.83	0.7608	0.4722	0.2944	0.7678	0.7371
6600	2.6067	2.5189	4803.27	2349.69	0.6725	0.4831	0.2439	0.8348	0.7013
5400	2.5154	2.4666	3794.13	2571.27	0.5966	0.4910	0.2100	0.9022	0.6665
4800	2.4658	2.4401	3290.26	2679.48	0.5515	0.4953	0.1929	0.9464	0.6434
4200	2.4132	2.4132	2786.28	2786.28	0.5000	0.5000	0.1759	1.0000	0.6144
3900	2.3857	2.3996	2534.00	2839.30	0.4714	0.5026	0.1674	1.0311	0.5969
3600	2.3573	2.3860	2281.33	2892.20	0.4406	0.5055	0.1589	1.0656	0.5768
3000	2.2980	2.3584	1773.93	2998.20	0.3710	0.5123	0.1422	1.1463	0.5254
2400	2.2358	2.3306	1261.44	3106.02	0.2876	0.5216	0.1258	1.2453	0.4508

入，会导致边际收益递减规律发挥作用，于是，随着 r 国人口规模的增大，本国土地租金率相对于工资率（p_{rR}/w_r）显著上升，同时，r 国的地租率与 s 国相比（p_{sR}/p_{rR}），也出现了大幅度上升。其二，要素的相对价格变化会引起要素之间的替代效应，促使经济结构转型。地租率的上升使人们谋求节约土地的生产方法。于是，在表4.2第4列至第7列中，我们看到，地租率上升使一部分 r 国的生产者从土地密集型的农业转向了劳动密集型和资本密集型的工业，而农业则被从本国挤向外国。于是，r 国的经济结构就发生了变化，其工业比重（STRU 值）显著上升，而农业比重有所下降，另一国则正好相反。其三，一个国家经济结构转型除了使本国受益之外，也会通过国际贸易渠道溢出到其他国家，使其他国家也获得好处。在 r 国经济结构从农业向工业转型的过程中，r 国和 s 国的人均实际收入同时都得到了提高，s 国从 r 国经济结构转型的过程中获得了一部分溢出效应。

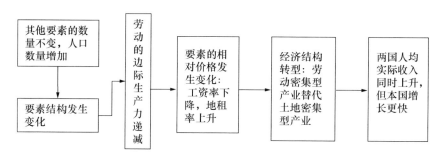

图4.1　要素禀赋结构影响经济结构转型的传导机制

现在，我们对要素禀赋结构影响经济结构转型的机理进行分析。在任何给定的时点，一个国家的要素禀赋结构是给定的，但是，从较长的时期看，某些生产要素的数量可能会发生变化。如图4.1所示，如果一国人口规模增加了，那么，该国的要素禀赋结构就发生了变化。在土地面积不变的前提下，持续地投入劳动可能会使边际收益递减规律发生作用，于是，劳动者的工资率会下降，而土地租金率则有可能上升，即土地与劳动的相对价格发生变化。要素相对价格的变化又会使替代效应发生作用，人们在生产中可能会有更多的动力选择节约土地的技术，因为土地的租金率实在是太昂贵了。在本章模型中，经济系统中有两个行业：工业和农业。工业是资本和劳动密集型产业，而农业是土地密集型产业。地租率上升会大幅度提高农业企业的生产成本，从而使以农业为主的经济结构在这个国家变得不太合算。于是，较高的地租率就会对农业形成挤出效应，而工业可以节省较多的土地，这就会促使这个国家的经济结构从农业向工业转型。但是，要使以上经济结构转型顺利发生，还必须依赖于一个前提条件：这两个国家之间必须实施了自由贸易的经济政策。在封闭经济条件下，经济结构转型是很难发生的，因为人们不得不将较多的生产资源投资于各种必不可少的农业活动。只有在自由贸易的条件下，即便农业活动被挤出本国，人们仍然可以通过自由贸易从其他国家购买必不可少的农产品，于是，这个国家就可以将更多资源投入占用土地较少的工业活动，并通过出口工业品获得收入，用于购买农产品。这种经济结构转型依赖于国际贸易，同时又使参与贸易的双方都能从经济结构转型中获得好处。

3. 技术创新对经济结构转型的影响

假定 $T = 1.58$，$L_r = L_s = 4200$，其他参数值与表 4.1 相同，但 η 可变。η 是 r 国工业企业在技术上对中间产品多样化的偏好系数。η 值越小，工业企业的个数和工业中间产品的种类数就会越多，工业过程的产业链就会越长。在其他条件都没有发生变化的情况下，为什么 η 值变小会引起工业中间产品的种类数和企业个数增多呢？显然这是因为技术创新。新技术创造了新的中间产品，从而使工业产业链得以延长，生产效率由此得到提高。因此，η 值变小就隐含地意味着工业企业的技术多样化需求和技术创新能力增强。表 4.3 对技术创新对经济结构转型的影响进行了研究。

由表 4.3 可以发现几个结论：其一，工业技术创新有利于新企业滋

表 4.3　技术创新对一般均衡的影响

参数	人均实际收入		其他内生变量							
η	U_r	U_s	L_{ri}	L_{ij}	n	λn	w_s/w_r	p_{sR}/p_{rR}	STRU
0.81	2.1474	2.4100	2255.42	3238.95	153.0589	56.3249	1.1727	0.76540	0.4553
0.75	2.2244	2.4079	2430.30	3105.11	156.3685	63.9870	1.1165	0.8330	0.5066
0.71	2.2891	2.4082	2563.04	2994.27	159.1419	70.3228	1.0733	0.8900	0.5464
0.68	2.3464	2.4098	2670.89	2897.45	161.5988	75.8626	1.0380	0.9406	0.5791
0.65	2.4132	2.4132	2786.28	2786.28	164.4539	82.2270	1.0000	1.0000	0.6144
0.63	2.4641	2.4167	2867.77	2702.54	166.6229	87.0196	0.9732	1.0456	0.6394
0.59	2.5851	2.4278	3043.38	2505.51	171.7612	98.2708	0.9157	1.1566	0.6932
0.52	2.8900	2.4670	3403.33	2016.07	184.5309	125.9236	0.8011	1.4611	0.8002
0.45	3.4258	2.5553	3859.37	1172.93	206.3382	172.6447	0.6651	2.1203	0.9223

生和新产品出现。表4.3第6列和第7列数据显示，随着η值变小(技术创新需求增强)，r国生产的中间产品种类数和工业企业个数显著扩大。其二，新企业的滋生会对中间产品、劳动和土地等生产要素产生大量的新增需求。η值变小产生了大量新的工业企业，由于工业活动属于劳动密集型和资本密集型产业，因此，新增企业对中间产品和劳动力的需求非常旺盛，但对土地的需求弱于农业活动。其三，新增工业企业对劳动力的旺盛需求会导致r国劳动力紧缺，进而推动该国工资率上涨。其四，由于各中间产品企业之间存在产业关联效应，因此，r国工业企业的增多会对其他国家的工业形成吸纳效应，使s国的工业企业向r国转移和集聚。由表4.3可以看到，$n-\lambda n$是随着η值变小而减少的，这表明s国的工业企业在减少。另一方面，r国工资率的上涨又会增加该国农业企业的生产成本，从而对该国农业形成挤出效应或离心力效应，迫使农业活动从r国向s国转移，并使s国的地租率上涨。其结果就是，随着r国工业技术创新需求与创新能力的增强，该国经济结构会从农业活动向新型工业活动转型和升级(表4.3第10列)。其五，在r国经济结构转型和升级的过程中，两国人均实际收入都会得到提高，但本国所能得到的好处更多，其他国家也能从r国经济结构转型中获得一部分溢出效应。

值得注意的是，由于本章假设两国之间的人口完全不可以流动，因此，在工业技术创新引起r国经济结构转型的过程中，该国工资率大幅度上升，但地租率却出现了大幅度的下降。这一结论与现实并不十分相符。这是为什么呢？显然，原因出在两国之间劳动力不能自由流动的假设上。工业技术创新滋生了大量的新企业，从而吸纳了大量的劳动力，但该国拥有的劳动力数量却是有限的，这些新增工业企业只能与农业企业争夺劳动力，这导致该国农业活动被挤出。由于农业活动是土地密集型产业，因此，放弃农业活动必然会导致该国对土地需求的减少。于是，即便工业技术创新使该国工业活动大幅度增加，但该国地租率仍出现了下降。不过，如果我们放开劳动力不能自由流动的假设，则地租率下降的趋势可能会有所缓解。在劳动力可以自由流动的条件下，如果由技术创新引起的新企业滋生对劳动力产生了大量需求，那么，其他国家的劳动力就会向该国转移和集聚，从而缓解该国劳动力的不足，其工资率也不会上升太多。虽然该国仍然会有一部分农业活动从本国被挤出到其他国家，但不会大规模地被挤出，因此，该国地租率就不会出现大幅度的下降。

4. 市场效率改善对一般均衡和经济结构转型的影响

假定 $T = 1.58$，$L_r = L_s = 4200$，$\eta = \mu = 0.65$，$t_0 = \tau_0 = 1.12$，其他参数的取值均与表 4.1 相同，r 国国内市场的交易成本系数 t 和 τ 可变，我们还假设 r 国国内市场的农业交易成本系数与工业交易成本系数同时和同比例发生变化。交易成本在一定程度上反映了市场的运行效率。数值模拟结果见表 4.4。由表 4.4 得出如下几个结论：其一，国内交易成本下降和市场效率的改善首先会对各种经济活动产生比较全面的吸引力，使其他国家的经济活动向本国转移和集聚。由于工业企业有更长的产业链，这些企业之间有很强的投入产出联系，于是，市场效率改善对工业活动就会产生一种更强的吸引力，使其他国家的工业活动更大规模地向本国集聚。其二，经济活动向 r 国集聚会对各种生产要素（包括土地、劳动和中间产品）产生大量需求，使该国生产要素的价格上升。其三，生产要素价格的上升对于经济活动是一种离心力。由于工业与农业对不同生产要素的依赖程度不同，因此，r 国国内市场效率的改善对工业与农业吸引的程度也是不同的。由于农业活动对土地的依赖程度更高，因而，地租率上升对农业生产成本会产生影响。于是，r 国地租率的上升对于农业活动就是一种较强的离心力。其四，r 国市场效率改善对工业活动产生的吸引力和地租率上升对农业产生的离心力会对该国经济结构产生影响。其他国家的工业活动会向 r 国转移和集聚，而该国农业活动则会从本国被挤出。在表 4.4 中，这一过程体现为随着 t 和 τ 的下降，STRU 值有所上升。其五，随着 r 国国内市场交易成本的下降，在以上产业集聚和经济结构

表 4.4　市场效率改善对一般均衡的影响

参数	人均实际收入		其他内生变量					
t, τ	U_r	U_s	agg	λ	κ	w_s/w_r	p_{sR}/p_{rR}	STRU
1.01	2.6508	2.3847	0.5016	0.5070	0.493	0.9502	0.9698	0.6218
1.04	2.5806	2.3925	0.5011	0.5051	0.4948	0.964	0.9788	0.6199
1.07	2.5146	2.4003	0.5007	0.5032	0.4966	0.9777	0.9873	0.6179
1.10	2.4526	2.4081	0.5003	0.5013	0.4986	0.9911	0.9951	0.6158
1.12	2.4132	2.4132	0.5000	0.5000	0.5000	1.0000	1.0000	0.6144
1.15	2.3569	2.4208	0.4996	0.4980	0.5021	1.0131	1.0069	0.6122
1.19	2.2867	2.4309	0.4991	0.4953	0.5051	1.0303	1.0152	0.6092
1.26	2.1755	2.4482	0.4982	0.4904	0.5106	1.0597	1.0276	0.6037
1.35	2.0511	2.4699	0.4972	0.4840	0.5181	1.0960	1.0400	0.5962
1.42	1.9663	2.4863	0.4965	0.4790	0.5241	1.1232	1.0472	0.5901

转型的过程中，r 国的人均实际收入出现了大幅度的上升，而其他国家的人均实际收入则出现了轻微的下降，这主要是因为交易成本下降对于 r 国本身就是一种资源节约，它可以提高其人均实际收入。另一方面，r 国国内市场效率改善对工业产生的吸引力可能要大于它对农业所产生的离心力。表 4.4 中第 4 列数据显示，随着交易费用的降低，r 国经济活动在两国总经济活动中的比重有所增加，这会对两国人均实际收入产生一定程度的影响。

第四节　结　　论

本章在非对称空间一般均衡框架下，通过引入劳动、土地和中间产品三种生产要素及工农业两个部门，对内生的经济结构转型进行了研究。现将本章主要研究结论报告如下：

其一，内生经济增长有两大源泉：劳动分工和经济结构转型。这两者都依赖于贸易范围的扩大。在封闭经济或国际运输成本特别高的情况下，各个国家之间的贸易被运输成本所阻隔，这些国家不得不在自给自足的生产模式下组织本国的生产。由于市场范围被局限于本国，劳动分工只能在较低的层次展开，经济结构也无法大规模地从传统产业向新型工商业转型，于是，这些国家的人均实际收入只能维持在非常低的水平。但是，随着国际运输成本的下降，各个国家之间的贸易量会逐渐增加，其市场范围也会随之扩大，这将有利于劳动分工向纵深推进，也有利于经济结构从稀缺要素密集型产业向丰裕要素密集型产业转型。在这一过程中，参与贸易的各个国家都会从经济结构转型和国际贸易中获得好处，从而其人均实际收入会得到大幅度提高。中国在 2001 年正式加入世界贸易组织，从此中国与 WTO 成员之间包括关税在内的贸易成本大幅度降低，贸易成本的下降显著扩大了中国与世界各国之间的贸易规模。在此期间，中国参与全球分工的程度越来越深，中国的经济结构也出现了大规模的转型。短短十多年时间，中国一跃成为仅次于美国的制造业大国，这主要是因为中国的丰裕生产要素是劳动力，而稀缺要素是土地和自然资源。中国在劳动密集型制造业比重大幅提升的同时，农业和矿采业比重却不断降低，成为净进口行业。一个值得注意的问题是，在中国经济结构转型的同时，其他参与贸易的国家也从中国经济发展和贸易中获得了好处。在全球化时代，任何国家的技术进步和经济发展都会通过贸易渠道外溢到其他国家。国际贸易总是有利于所有参与贸易的国家。

其二，经济结构转型是由要素禀赋结构的变化所内生。要素禀赋结构的变化会引起本国各种生产要素的相对价格发生变化。通常，丰裕要素的价格会下降，而稀缺要素的价格会上升。相对价格的变动会体现到要素的使用上，为了节省生产成本，人们在生产中会倾向于用丰裕要素替代稀缺要素。在经济结构和产业的选择上，人们会倾向于用丰裕要素密集型产业替代稀缺要素密集型产业。于是，该国经济结构就发生了转型。美国是近代史上人口增长最快的国家。独立战争期间，美国人口为260万，当前美国人口为3.27亿，短短两百年间，美国人口增长了100多倍。在立国之初，美国是一个典型的农业国，主要为大英帝国提供农产品和原材料。南北战争前后，美国人口已超过3000万，其中北方人口2200万。由于北方人口相对绸密，其要素禀赋结构发生了变化，由此出现了经济结构从农业向消费型轻工业的转型，而南方因人地矛盾不太明显，仍维持以农业为主的经济结构。第一次世界大战前夕，美国人口已接近1亿，这在当时已经算得上是名副其实的人口大国，加上美国为移民国家，移民多为年轻的高素质劳动力，因此，1亿美国人口中所包含的劳动力较之其他国家要多得多。在这一时期，美国已完成工业化，并开始由轻工业向重化工业转型和升级。二战结束时，美国人口达到1.4亿，1960年，达到1.6亿。一个有趣的问题是，虽然美国是资本充裕型国家，但美国的经济结构却是以劳动密集型产业为主，尤其是高科技劳动密集型产业和现代服务业，原因是作为移民国家的美国，其劳动力资源十分丰裕，尤其是高素质的熟练劳动力。美国这种以熟练劳动力和高素质移民为主要特征的要素禀赋结构正好与该国以高科技劳动密集型产业和现代服务业为主的经济结构相适应。这一经济结构并非由政府行为所决定，而是由市场力量所内生。值得注意的是，虽然美国要素禀赋结构的变化推动了其经济结构的持续转型，但是，由于美国的农业用地面积、矿产资源和各种自然资源都非常丰富，其要素禀赋结构相对合理，因此，美国的经济结构也一直处于协调发展的状态。

其三，技术创新是经济结构转型的重要驱动力。由于技术创新可以给投资者带来高额回报，因此，技术创新通常都会激发巨大的投资热潮。这种投资热潮会对中间产品、劳动力和其他生产要素产生巨大的需求，这通常又会大幅提高当地的工资率和其他生产要素的价格，从而使传统产业从该国被挤出。二战后，美国经济爆发出强大和持续的创新力，并由此在美国各地滋生出大批量的新型工商企业。这些企业所在的行业大多是资本密集型和熟练劳动密集型的产业，尽管美国一直对高素质移民持开放态度，但如此之多的移民仍然满足不了美国新型产业对各类熟练劳动力的用工需求，这就导致美国市场的劳动工资率大幅上升，使各类企业的生产成本增加，从而压低了企业的利润率。于是，一些利润率本来就不太高的传统行业就不得不整体或将其一部分附加值较低的生产环节转移到其他国家，这些行业或价值环节大多属于普通劳动密集型产业，这些行业竞争充分，进入壁垒较低。而美国的本土企业则将更多的资源投资在那些附加值较高的高科技制造业和现代服务业。另一方面，由于企业之间存在产业关联效应，美国的高端制造业又对全球制造业形成了集聚效应，这就使美国的经济结构进一步从低附加值的产业向高附加值的产业转型和升级，从而使美国的制造业变得更加强大。

其四，市场效率的改善或国内市场交易成本的降低对于经济结构转型具有一定的影响。一国国内市场效率的改善对各种经济活动，尤其是对那些具有投入产出联系的工业企业会形成全面的吸引力，而经济活动的集聚又会对土地租金率产生向上的压力，这就会对土地密集型的农业形成挤出效应，并由此促使该国经济结构从农业向非农产业转型。中国在 20 世纪 80 年代初对经济体制实施了大范围的改革，由此使国内市场交易效率得到了显著改善。这些改革措施成就了中国制造业大国的经济地位，同时也使中国从一个农产品自给自足的国家变成农产品净进口国。在改革开放之前，中国实施公有制和计划经济，由于产权不清晰，加之失去了价格机制的信号显示和协调功能，各生产单位之间的资源配置成本(交易成本)都非常高，于是，中国各经济单元基本都处于自给自足的状态，其经济结构当然只能是以农业为主。1978 年，中国经济体制改革从农村起步，实施联产承包责任制，允许农民种植经济作物，将多余农产品拿到市场上出售。这一市场化的改革措施立即在农村激发出前所未有的生产积极性，农业生产效率由此得到大幅度提高，这不仅解决了长期困扰当局的粮食问题，而且从农村解放了大批量的剩余劳动力。然后，中国的经济体制改革很快从农村扩展到沿海地区和各城市，各区域之间和各行业之间的贸易壁垒被逐步解除，市场交易效率得到大幅度改善。由此，外商投资企业、本土民营企业、由国有和集体所有的改制企业都参与到市场中来，这些企业投资对劳动力产生了巨大的需求，从农村转移出来的剩余劳动力正好满足了工商企业对劳动力的需求。于是，中国经济结构开始从农业向工商业转型。之后，中国的经济体制改革进一步向纵深推进，市场交易费用持续降低，市场交易条件持续改善，中国的经济结构进一步从农业向工商业，从消费品工业向重化工业，从资源依赖型产业向技术密集型产业转型，这种经济结构转型大幅度提高了中国国民的人均实际收入。

统一增长理论(Galor and Weil, 2000；Hansen and Prescott, 2002)致力于将人口数量的增长和人口质量的改善内生化。由于家庭可以对孩子的生育和培育作出选择，于是，人口生育和人力资本投资之间的替代关系就可以内生出人口结构的转型。如果我们将高质量劳动力和普通劳动力设想为两种不同的生产要素，高质量的教育和人力资本积累就可以为经济结构从农业工业向现代服务业的转型提供一种合理的解释。统一增长理论的这种雄心给我们提供了一条启示，即本章模型能否解释人类社会不同发展阶段的经济发展？表面上看，本章模型只能解释早期社会中由土地密集型产业向劳动密集型产业的结构转型。但实际上，如果我们对这一模型略加变形，即可解释人类各个阶段的经济发展。第一个变形是，如果引入动态和内生的资本存量，则可以解释工业革命以来的经济结构转型和经济发展。第二个变形是，如果引入公共教育和私人教育对人力资本的培育，则可以解释现代社会中从物质资本密集型的制造业向人力资本密集型的高科技产业和现代服务业的转型。

第五章

用大国效应模型解释"李约瑟之谜"

对于大国经济理论而言，对"李约瑟之谜"的解释是一个无法回避的问题。从古及今，中国一直是世界上人口规模最大的国家，近现代以来，中国也是世界上最贫穷的国家之一，而自大西洋的三角航运贸易以来，许多欧洲小国反而走到了高收入国家的前台。不过，从20世纪八九十年代以来，以中国和印度为代表的金砖国家的经济又突然起飞，大有赶上欧美国家之势。这些现象仅用第三章的大国效应模型无法解释，因此，本章结合运用第三章和第四章模型以及本章模型，对"李约瑟之谜"进行较全面的解释。本章的结构安排如下：第一节是引言和文献综述，第二节在非对称空间一般均衡框架下对大国效应扩展模型进行设定和求解；第三节对模型进行数值模拟和对结果进行理论解释；第四节运用理论模型所得出的结论对"李约瑟之谜"进行解说；第五节是对当代中国奇迹进行解释；第六节为结论。

第一节 引 言

通常认为，"李约瑟之谜"包含两个问题（Needham，1981）：其一，为何现代科学发源于西欧，而非中国或印度等东方国家？其二，为何在科学革命前的大约 14 个世纪中，中国文明在发现自然并将自然知识造福于人类方面比西方有成效得多？文贯中（2005）进一步将上述两个问题分解为四个子命题：其一，为什么在公元 2 世纪之前，中国并未领先于西方？其二，为什么此后的 1400 年间中国能后来居上？其三，为什么在公元 16 世纪后，中国与科学文明和工业文明失之交臂？其四，为什么现代科学只产生于欧洲文化？有许多学者对"李约瑟之谜"进行了解释，目前比较有影响的解释主要有如下几种：

其一，地理环境假说。各国地理环境的差异决定了它们之间发展路径和发展水平的差异，这代表了包括亨廷顿（Huntington）在内的许多地理学家和经济学家的观点。拉铁摩尔（2005）认为，中国古代所面临的来自北方的蛮族威胁对于中国的兴衰具有至关重要的影响。为了对付这种威胁，中国不得不建立起大一统的国家政权。另外，蛮族入侵又数次打断了中国文明的发展进程。13 世纪，当中国社会正要向着商业文明高歌猛进之时，蒙古人打断了南宋向工商业社会推进的步伐。十五六世纪，当中国再一次向商业文明冲刺时，满清人进入山海关，中国再一次退回到农业社会。以地理环境直接解释"李约瑟之谜"的代表性学者当数戴蒙德（Diamond，1999），其观点是，欧洲海岸线犬牙交错，岛屿众多，境内山地纵横，又无大江大河，因而有利于形成相互竞争的小国，而中国的海岸线平滑，黄河由西向东流经华北地区，形成面积非常大的冲积平原，由此形成了大一统的皇权政治。这一观点亦为 Landes（1998）、Blaut（1993）、文贯中（2005）等学者所认同。

其二，技术发明模式假说。林毅夫（2012）在破解"李约瑟之谜"时提出了一种有启发性的观点：一个国家的人口规模和要素禀赋结构对于该国经济发展具有重要影响。在前现代社会，技术发明主要依靠经验试错的方式取得，于是，人口数量就成为一个国家的优势。依从于经验试错的技术发明发展到一定阶段后，会遭遇技术天花板。这就要求有方法论上的创新才能使技术分布曲线向右扩展。于是，在西方世界就发生了科学革命和工业革命。科学革命是以数学和可控实验为基础的方法论革命。值得思考的问题是：为什么科学革命只见于西欧？为什么原本领先于西方的中国没有发生科学革命（Needham，1981）？按照林毅夫（2012）的观点，可控实验主要由少数有才能的科学家群体所完成。在封建社会，中国的科举制度使那些有才能的知识分子将时间都花费在对 "四书五经" 的钻研中，这就使得中国的知识精英不再有时间和动力从事可控制的实验和进行科学知识的搜寻，于是，中国理所当然地就只能落后于其他国家了。另一方面，中国的官僚制度也深刻地影响了中国的要素禀赋结构，因为政府官员可以从寻租活动和对资源的行政垄断中获得巨大的收益，这就使得中国的精英群体进一步向非生产性的官僚活动转移。工业革命和科学革命的一个前提是全部人口中必须有一定数量的高级人才从事基础研究和实验科学研究，然而，由于中国的精英群体被引向科举制和行政管理活动，中国的劳动力禀赋结构和劳动者的知识结构无法支持以可控实验为基础的科技创新，因此，中国就不得不停留于农业社会。

其三，资源约束假说。Elvin（1973；1984）认为，中国于近代落后于欧洲是因为中国受到人口规模巨大而土地资源匮乏的拖累。为了养活不断增加的人口，中国不得不全力发展农业技术，以致中国精耕细作的农耕技术远远领先于欧洲。但农业增长随即被一轮又一轮的人口增加所吞噬，于是，中国陷入农业的高水平发展陷阱。姚洋（2003）用一个动态均衡模型对这一理论进行了发展，并得出了与之不同的结论。他的观点是，人地矛盾导致农业地租率大幅度提高，这意味着中国的农业资本回报较工业资本回报要高，于是，人们热衷于到农村购买土地，而不再愿意投资于工商业。这一观点得到了清代以来诸多可见数据的支持。文贯中（2005）提出了一种相反的观点，宋朝因受到辽、西夏和金的挤压，被迫向南方迁移，这导致宋朝的可耕地严重不足，突出的人地矛盾迫使宋朝向工商业社会转型。宋灭亡以后，中国的疆域面积显著扩大，原本在城市生活的许多人口又回流到了农村，于是，城市化水平降低，这导致中国从工商业社会向农本社会倒退。同期，欧洲的人口则由于受到农业腹地的牵制而不得不向城市集聚，这使其享受到了工商业的繁荣，并由此引发科技革命和工业革命。这种观点有点类似于"资源诅咒"假说，该假说可以部分地解释宋元两朝的不同发展路径。

其四，制度约束假说。长期以来，人们经常关注的一个问题是，为什么中国人缺乏商业敏感性？Weber（1964）给出的回答是，中国缺乏新教伦理和资本主义精神。新教通过确认日常行为的伦理保证商业成功（Weber，1964），这实际上就是说，规范日常行为的伦理有利于降低市场交易成本，从而促进社会分工和商业发展。Diamond（1999）和 Landes（1998）则认为，中国大一统的政治格局不利于内部竞争，抑制了民间创新，该观点与地理环境论联系在一起。艾德荣（2005）、张宇燕和高程（2005；2006）的观点是，在古代，中国没有对财产权和知识产权的保护制度，而西方在罗马时代就已将这一制度写入法典。将这些观点归纳起来就是，如果政治制度不利于市场经济的兴起，甚至在某些领域消灭了市场，就会导致对生产者的产权激励不足。没有了产权激励，资本主义的商业精神自然就无从体现。可见，缺乏商业精神只是一种结果，而根源则是官僚政府对商业领域的控制太多和产权激励不足。艾德荣（2005）认为，在元明以后，中国的地方政府逐步将许多行政职能委托于地方精英，地方精英常常采用种种手段保护自身利益、向工商业阶层摄取利益，因而阻碍了经济发展。皮建才（2006；2009）认为，中国封建经济的一个突出特征是王朝更替式的震荡均衡，这种震荡均衡实质就是"外重内轻"和"内重外轻"的一种外在表现，前者偏重地方分权，后者偏重中央集权。前者导致诸侯割据，后者不会有诸侯割据，但可能会导致在内外交困中亡国，这是宋明两朝的教训。自宋以来，权威委托机制越来越朝着缺乏地方分权的方向发展，于是，中国未能把握工业革命的机会。艾德荣和皮建才的观点其实是告诉我们，缺乏分权的中国地方官僚体系是近代中国落后的主要原因。

除此以外，还有许多学者对"李约瑟之谜"进行了探索，并提出了一些非常有见地的观点。我们认为，"李约瑟之谜"是由多种因素影响的结果，而非仅受单一因素影响。本章试图在非对称的空间一般均衡框架下，将多种因素同时纳入一个统一的模型，并通过这一模型对"李约瑟之谜"进行解释。本章模型与其他文献不同之处主要体现在如下几个方面：其一，本章在方法论上采用了非对称的建模方法，我们假设各个国家在人口规模、土地面积、技术水平、交易成本系数、要素投入结构和政府对资源的控制力上都有所不同，这种非对称假设使我们可以更加清晰地刻画各种因素对不同国家的影响。其二，人均土地占有量较少是产生拥塞的一个重要原因，我们将土地要素引入空间一般均衡模型，并通过边际收益递减规律内生了地租率的变化和拥挤效应。由于一国之初始人地比例反映了该国要素禀赋结构，这种禀赋结构会通过生产函数中的要素投入结构差异影响各国的人均收入差距，本章将要素结构引入对"李约瑟之谜"的解释中。其三，本章考虑了制度（交易成本）对于经济增长和收入差距的影响，我们将差异化的交易成本引入空间一般均衡模型，并对交易成本影响劳动分工和收入差距的机理进行了研究。其四，本章对政府控制资源的强度进行了研究，讨论了政府对资源的控制对国家发展的影响。

第二节　模型的设定与求解

"李约瑟之谜"涉及多种因素的影响，只有在一般均衡框架下，这些不同的因素才能在模型中被整合到一起。我们的模型系统中有三种行为主体：消费者、企业和政府。消费者通过劳动获得工资，通过出租土地获得收入，他们将其全部收入都用来购买两种类型的物品（系列消费品和一定数量的国土面积）；企业通过雇用劳动者、租用土地和投入中间产品生产出制成品，这些产品既是消费品，又是企业所需的中间品。全部人口分成两部分：企业员工和特权阶层。特权阶层与政府结合在一起，通过与政府的关系获得特权身份，通过对资源的垄断获取收入，他们属于非生产性的人口。有两种类型的社会（Acemoglu et al.，2002；Acemoglu and Robinson，2012）：包容性社会将全部土地分配给劳动者，摄取性社会的土地和资源主要由特权阶层占有，特权阶层人员的进入指标由政府给予或由模型内生。在本章模型中，我们假设社会的类型界于包容型社会与摄取性社会之间。本章在非对称条件下将各种外生因素引入模型。我们在一般均衡框架下采用分层函数处理这些现象，外层函数采用 Cobb-Douglas 技术，内层的子函数采用不变替代弹性函数的形式。

考虑两个国土面积和人口规模不相等的国家（大国和小国分别记为 r 和 s），假设其国土面积分别为 R_r 和 R_s，人口规模分别为 L_r 和 L_s。假定各国人口不可以在国家之间自由流动，但可以在国内各种职业之间自由选择。土地由政府控制，政府决定由特权阶层（包含寻租者和设租者）占有的土地的比重，剩余土地在劳动者之间平均分配。经济系统中存在大量的潜在产品，各国产品可以在不同国家之间自由地贸易和移动，但商品在国家内部和在国家之间的移动都必须支付交易费用和运输成本。假定两个国家之间的冰山运输成本系数为 τ，在两个国家内部的交易成本系数分别为 T 和 t。代表性消费者（以大国 r 为例）的效用函数和预算约束可写为：

$$\max U_{ri} = \left[\int_0^{\rho n} \left(\frac{Z_{rii}}{T} \right)^\delta di + \int_0^{(1-\rho)n} \left(\frac{Z_{risj}}{\tau} \right)^\delta dj \right]^{\eta/\delta} H_{riR}^{1-\eta},$$

$$\rho \in [0,1], \delta, \eta \in (0,1),$$

$$\text{subject to} \quad w_{ri} + \frac{(1-X)R_r}{(1-K)L_r} p_{rR} = \rho n p_{ri} Z_{rii} + (1-\rho) n p_{sj} Z_{risj} + p_{rR} H_{riR}.$$

$$(5.1)$$

式（5.1）中，Z_{rii}、Z_{risj} 和 H_{riR} 分别表示大国消费者对本国消费品 i、他国生产的消费品 j 和对土地的消费量，p_{ri} 和 p_{sj} 分别为在大国和小国生产的产品价格，p_{rR} 为地租率。K 和 X 分别为大国特权阶层人口的比重和被政府控制分配给特权阶层的土地比重。与此相对应,我们假定小国的这两个参数是 k 和 x。n 是经济系统中潜在的消费产品种类的总数,ρ 表示在大国生产的产品种类数的比重。η 为消费者在制造产品中的消费支出比重,δ 为消费者对产品差异化的偏好程度。

产品生产必须有三种要素(劳动力、系列中间产品和土地)被投入。对于中间产品的处理方法是,我们简单地假设,制造业将各种产品(包括自身)作为其中间投入品,消费者所需的各种制造产品同时也是制造业所需的投入品(Fujita, Krugman and Venables, 1999),各种产品之间实际上存在相互投入的关系。我们将大国企业生产的 i 产品的成本—收入函数设定为:

$$(F + \alpha q_{ri}) P_r = \left[\left(\int_0^{\rho n} \left(\frac{M_{rii}}{T} \right)^\delta di + \int_0^{(1-\rho)n} \left(\frac{M_{risj}}{\tau} \right)^\delta dj \right)^{\theta/\delta} l_{ri}^{1-\theta-\phi} A_{riR}^\phi \right] p_{ri},$$
$$\rho \in [0,1], \quad \theta, \phi, \delta \in (0,1), \quad F, \alpha > 0.$$
$$(5.2)$$

式(5.2)右边是生产企业的总收入,其中中括号内的柯布—道格拉斯函数的含义是在各种要素投入给定并遵循 Cobb-Douglas 技术的前提下的 i 产品的产量,p_{ri} 是产品价格。式(5.2)左边是企业的总支出,其中,括号内的 $F + \alpha q_{ri}$ 项是指企业为获得预期产量必须投入的组合要素的总数量,该项表明企业存在规模经济,P_r 是组合要素的价格指数。组合要素的投入数量乘以价格指数即为总支出。总收入与总支出相等是处理一般均衡模型必须遵守的基本条件,因此,式(5.2)实际上已潜在包含一般均衡的建模方法。对于小国,我们分别用 f、γ、μ 替换式(5.2)中的参数 F、θ、ϕ。参数 γ、μ、θ 和 ϕ 值的大小实际上反映了该国所处的经济结构的类型。如果小国 γ 值较小而 μ 值较大,意味着该国仍处于农业社会;反之,如果 γ 值较大而 μ 值较小,则意味着该国进入了工业社会。

运用最大化一阶条件、市场出清条件、贸易平衡条件、人口约束方程和土地约束方程,可得到方程组(5.3)。在该方程组之下,产品种类数及各国产品种类数的比例、所有要素市场和商品市场的价格和产量，消费者对所有商品的需求量及效用都被同时决定。

$$
\left\{
\begin{aligned}
&\left(\frac{w_{ri}}{P_r}\right)^{1-\frac{\theta}{\delta}} = \left(\frac{1-\delta}{\rho F}\right)^{\frac{\theta}{\delta}-\theta} \left[(1-\rho)\left(\frac{P_r T}{P_s \tau}\right)^{\delta/(1-\delta)} + \rho\right]^{\theta/\delta-\theta} \\
&\qquad\qquad \cdot \frac{(1-\theta-\phi)^{1-\frac{\theta}{\delta}}(\phi\eta R_r)^{\phi}\left((1-K)L_r\right)^{\frac{\theta}{\delta}-\theta-\phi}}{(\delta/\alpha)^{1-\theta}(T/\theta)^{\theta}(\phi+(1-\eta)(1-\theta-\phi))^{\phi}}, \\
&\left(\frac{w_{sj}}{P_s}\right)^{1-\frac{\gamma}{\delta}} = \left[\left(\rho\left(\frac{P_s t}{P_r \tau}\right)^{\delta/(1-\delta)} + 1 - \rho\right)\frac{1-\delta}{(1-\rho)f}\right]^{\gamma/\delta-\gamma} \\
&\qquad\qquad \cdot \frac{(1-\gamma-\mu)^{1-\frac{\gamma}{\delta}}(\mu\eta R_s)^{\mu}\left((1-k)L_s\right)^{\frac{\gamma}{\delta}-\gamma-\mu}}{(\mu+(1-\eta)(1-\gamma-\mu))^{\mu}(\delta/\alpha)^{1-\gamma}(t/\gamma)^{\gamma}}, \quad (5.3) \\
&\frac{(1-K)L_r w_{ri}}{(1-\theta-\phi)\rho F P_r} = \frac{(1-k)L_s w_{sj}}{(1-\gamma-\mu)(1-\rho)f P_s}, \\
&\frac{1}{1-\theta-\phi}\frac{(1-K)L_r w_{ri}(1-\rho)}{\rho\left(\frac{P_s \tau}{P_r T}\right)^{1/(1-\delta)-1} + (1-\rho)} \\
&\qquad\qquad = \frac{1}{1-\gamma-\mu}\frac{(1-k)L_s w_{sj}\rho}{(1-\rho)\left(\frac{P_r \tau}{P_s t}\right)^{1/(1-\delta)-1} + \rho}.
\end{aligned}
\right.
$$

大国和小国生产型劳动者的人均实际收入分别为：

$$
U_{ri} = \frac{\left(\frac{(1-\delta)(1-K)L_r}{(1-\theta-\phi)\rho F}\right)^{\eta/\delta-\eta}\left(\frac{\delta}{\alpha T}\right)^{\eta}\left[(1-\rho)\left(\frac{P_r T}{P_s \tau}\right)^{\delta/(1-\delta)} + \rho\right]^{\eta/\delta-\eta}\left(\frac{w_{ri}}{P_r}\right)^{\eta/\delta}\left(\frac{(1-K)L_r}{(1-\eta)R_r}\right)^{\eta-1}}{\left(\frac{\phi}{1-\theta-\phi} + 1 - \eta\right)^{1-\eta}\left(\eta + \left(\frac{\phi}{1-\theta-\phi} + 1 - \eta\right)(1-X)\right)^{-1}}.
$$

$$(5.4)$$

$$
U_{sj} = \frac{\left(\frac{(1-\delta)(1-k)L_s}{(1-\gamma-\mu)(1-\rho)f P_s}\right)^{\eta/\delta-\eta}\left[(1-\rho)\left(\frac{P_r \tau}{P_s t}\right)^{\delta/(1-\delta)} + \rho\right]^{\eta/\delta-\eta}\left(\frac{\delta}{\alpha P_r \tau}\right)^{\eta}\left(\frac{(1-k)L_s}{(1-\eta)R_s}\right)^{\eta-1}}{\left(\frac{\mu}{1-\gamma-\mu} + 1 - \eta\right)^{1-\eta}\left(\eta + \left(\frac{\mu}{1-\gamma-\mu} + 1 - \eta\right)(1-x)\right)^{-1}w_{sj}^{-\frac{\eta}{\delta}}}.
$$

$$(5.5)$$

方程系统（5.3）包含 4 个方程和 5 个未知数（P_r、P_s、w_{ri}、w_{sj}、ρ）。我们选取 P_r 作为一般等价物，令 $w_{ri}/P_r = \chi_1$、$w_{sj}/P_r = \chi_2$、$P_s/P_r = \chi_3$，可

减少一个未知数。解上述方程系统可求得未知数 χ_1、χ_2、χ_3 和 ρ 的解。将上述未知数的解代入式(5.4)和式(5.5),可求得大国和小国以效用测量的人均实际收入。

第三节 数值解的结果分析

本节运用数值模拟方法对方程系统(5.3)进行数值计算,并运用所得到的 χ_1、χ_2、χ_3 和 ρ 之结果,计算出其他内生变量与之相对应的结果。值得注意的是,运用数值计算方法所求出的模型数值解完全等价于代数解。我们的处理方法是,在假定其他参数不变的前提下分别对某一特定参数的变化对一般均衡和各国人均实际收入的影响进行数值模拟,这实际上就相当于在给定方程组的约束下分别求各变量对某一特定参数的一阶导数。接下来,我们使用 MATLAB 7.0 软件分别对封闭经济和开放经济条件下的方程式进行数值计算:

1. 运输成本对一般均衡的影响

我们首先考虑一种简单的情形:① 政府对土地和资源完全没有控制力,全部土地由劳动者平均占有,相应的参数设置是 $K = k = 0$,$X = x = 0$;② 除两国人口规模之外,大国与小国面临的所有其他条件都相同,相应的参数设置是 $L_r = 5400$,$L_s = 3600$,$R_r = R_s = 1800$,$F = f = 11.5$,$\alpha = 0.8$,$\eta = 0.91$,$\delta = 0.68$,$\theta = \gamma = 0.19$,$\phi = \mu = 0.15$,$T = t = 1.17$,以上各参数均保持不变;③ 令国家之间的运输成本系数 τ 保持变化。与此相应的数值模拟结果如表5.1所示。

表 5.1　国际运输成本对一般均衡的影响

参数	封闭经济		开放经济						
τ	$U_{ri}^{T\to+\infty}$	$U_{sj}^{T\to+\infty}$	U_{ri}	U_{sj}	ρ	w_r/w_s	P_r/P_s	P_{rR}/P_{sR}	n
1.4500	4.394	4.0097	5.5261	5.7862	0.5848	0.9592	1.0214	1.4389	271.57
1.5300	4.394	4.0097	5.4185	5.6037	0.5855	0.9660	1.0260	1.4490	270.17
1.6500	4.394	4.0097	5.2827	5.3772	0.5863	0.9748	1.0319	1.4622	268.37
1.7600	4.394	4.0097	5.1798	5.2085	0.5869	0.9816	1.0364	1.4724	266.99
1.8100	4.394	4.0097	5.1386	5.1417	0.5871	0.9843	1.0383	1.4765	266.43
1.8162	4.394	4.0097	5.1337	5.1337	0.5872	0.9847	1.0385	1.4770	266.37
1.8200	4.394	4.0097	5.1307	5.1289	0.5872	0.9849	1.0386	1.4773	266.33
1.9300	4.394	4.0097	5.0515	5.0018	0.5877	0.9902	1.0422	1.4854	265.24
2.0500	4.394	4.0097	4.9784	4.8858	0.5881	0.9953	1.0455	1.4929	264.24
2.1800	4.394	4.0097	4.9116	4.7812	0.5885	0.9999	1.0486	1.4998	263.31

由表 5.1 可以归纳出如下一些重要结论:其一,国际贸易是国家进步的重要推动器。当国家之间没有贸易时,两国人均实际收入均显著低于有贸易的情形。不过,在这种低水平发展陷阱下,大国仍然可因其人口规模较大而获得明显的优势。两国一旦开展贸易,便立即因贸易而获得增长,同时从贸易中获得好处,但小国从贸易中获益更多。其二,运输成本是阻碍贸易的天然障碍,大国凭借运输成本的阻隔可获得一定的大国优势。表 5.1 显示,当 $\tau > 1.8162$ 时,大国的人均实际收入确实高于小国。大国获得优势的原因是,由于小国的贸易额在总产品中所占的比例总是较高,因而,小国在运输途中的损耗比例总是高于大国,进而这种运输折损会进一步减少两个国家之间的贸易活动,而这时大国凭借其人口优势可在本国生产稍多的产品种类(参见表 5.1 中的 ρ 值),并获得"本国市场效应"(Krugman,1989)。其三,大国优势会随着运输成本的下降而消失。当 $\tau < 1.8162$ 时,大国人均实际收入不再比小国高。

2. 人口规模和人均土地占有量对收入差距的影响

假定除了大国人口规模和国家之间的运输成本系数之外,其他参数的设置均与表 5.1 相同。我们假设 $\tau = 1.85$,这些参数均保持不变,只有大国的人口规模或土地面积保持可变。由于大国人口规模发生变化,所以,大国的人均土地占有量也会随之发生变化,这可能会对两个国家的人均实际收入产生影响。与不同人口规模相对应的数值模拟结果如表 5.2 所示。

表 5.2 揭示了一个重要的结论,即两国人口规模差距与两国人均实际收入差距呈倒"U"形关系(见表 5.2 左表)。这个结论包含了两层意思:其一,若不考虑土地或资源的影响(假设土地对生产力没有贡献),人口规模与收入呈正相关关系;其二,土地通常以人均占有量发挥作用,在人口规模保持不变的前提下,人均土地占有量与收入差距呈正相关关

表 5.2　开放经济条件下人口规模和土地面积对收入差距的影响

人口规模发生变化，但土地面积不变（$R_r = R_s = 1800, \tau = 1.85$）

参数		内生变量			
L_r	R_r/L_r	U_{ri}	U_{sj}	ρ	p_{rR}/p_{sR}
3600	0.5000	4.8508	4.8508	0.5000	1.0000
5400	0.3333	5.1078	5.0920	0.5873	1.4796
7200	0.2500	5.3225	5.3018	0.6463	1.9522
8100	0.2222	5.4183	5.3985	0.6694	2.1861
9000	0.2000	5.5079	5.4910	0.6893	2.4185
10500	0.1714	5.6457	5.6370	0.7171	2.8027
11650	0.1545	5.7432	5.7432	0.7350	3.0946
13500	0.1333	5.8878	5.9054	0.7591	3.5599
15600	0.1154	6.0371	6.0788	0.7812	4.0821

土地面积发生变化，人口规模不变（$L_r = 5400, L_s = 3600, \tau = 1.85$）

参数		内生变量		
R_r	R_r/L_r	U_{ri}	U_{sj}	p_{rR}/p_{sR}
600.0	0.1111	3.4885	4.9367	3.4876
900.0	0.1667	4.0143	4.9914	2.5416
1200.0	0.2222	4.4358	5.0320	2.0305
1500.0	0.2778	4.7936	5.0646	1.7059
1782.6	0.3301	5.0905	5.0905	1.4909
1800.0	0.3333	5.1078	5.0920	1.4796
2100.0	0.3889	5.3898	5.1157	1.3119
2400.0	0.4444	5.6468	5.1366	1.1820
2700.0	0.5	5.8839	5.1554	1.0781

系(见表5.2右表)。将这两层意思合并在一起就是,在土地面积给定的前提下,若一国人口增加,就意味着其人均土地占有量减少,于是,两国在人口规模上的差异通过人口规模和人均土地占有量两种途径综合反映到收入差距上,两者之间就形成倒"U"形的关系。如表5.2左表所示,在其他条件相同的情况下,随着大国人口超出小国,大国的人均实际收入会越来越高于小国。但是,由于大国人口增多意味着其人均资源占有量减少,因此,当大国人口达到一定程度之后,两国收入差距又会缩小。当大国人口超出某一临界值($L_r = 11650$)时,小国的人均实际收入就会反过来超过大国,大国因拥挤而丧失其优势。在适度偏大的人口规模上($3600 < L_r < 11650$),大国得以占据优势的原因是,大国拥有较多的人口,从而能生产的产品种类数更多(ρ值持续增大),使规模经济可在更多的产品种类数中体现出来(分工深化)。大国因人口规模太大丧失优势的原因是,过大的人口规模(参见表5.2中$L_r > 11650$的情形)使大国的人均土地占有量明显减少,从而使大国陷入"马尔萨斯陷阱"(Malthus,1951)。

3. 国内交易成本对一般均衡的影响

假定大国的国内交易成本系数可变,其他参数给定。大国在人口规模上拥有优势,两国人口数量分别为:$L_r = 5400$,$L_s = 3600$。两个国家之间的运输成本系数为$\tau = 1.85$,小国国内交易成本系数为$t = 1.17$。所有其他参数的设置均与表5.1相同。数值计算结果如表5.3所示。

各国国内交易成本对于贸易均衡和各国人均实际收入的影响主要表现在:其一,在开放经济条件下,一个国家国内交易成本的降低会显著提升该国的人均实际收入,但它对于其他国家的人均实际收入有轻微的消极影响。表5.3显示,随着大国国内交易成本系数的降低,大国的人均实际收入提升显著,但小国人均实际收入亦有轻微的下降。发生这种

表 5.3 开放经济条件下国内交易成本对一般均衡的影响

参数	人均福利			产品种类数				价格变量	
T	U_{ri}	U_{sj}	ρ	n	ρn	$(1-\rho)n$	w_r/w_s	P_r/P_s	p_{rR}/p_{sR}
1.050	5.7419	5.0212	0.5939	269.56	160.09	109.47	1.0628	1.0899	1.5942
1.090	5.5128	5.0453	0.5916	268.31	158.73	109.58	1.0356	1.0722	1.5534
1.140	5.2521	5.0747	0.5889	266.85	157.15	109.70	1.0041	1.0514	1.5062
1.170	5.1078	5.0920	0.5873	266.01	156.23	109.78	0.9864	1.0396	1.4796
1.173	5.0938	5.0937	0.5872	265.93	156.15	109.78	0.9847	1.0385	1.4770
1.180	5.0616	5.0977	0.5868	265.74	155.94	109.80	0.9807	1.0358	1.4711
1.210	4.9281	5.1147	0.5853	264.95	155.08	109.87	0.9641	1.0247	1.4461
1.260	4.7218	5.1424	0.5828	263.70	153.68	110.02	0.9380	1.0070	1.4070
1.320	4.4977	5.1748	0.5801	262.29	152.15	110.14	0.9092	0.9873	1.3637

现象的原因是，大国国内市场的改善促使该国消费者在本国购买了较多种类的产品，却减少了在国外购买的产品种类，导致小国生产的产品种类随着他国交易成本的降低而减少（参见表5.3中（1 – ρ）n值的变化），于是出现了小国的产业向大国转移和集聚的趋势。其二，交易成本的变化对于国家之间的收入差距具有显著的影响。数据显示，即使是在开放经济条件下，两个国家之间的人均收入差距仍然会因交易成本的变化而发生变化。一个国家内部市场的改善和交易成本的降低总是会有利于本国优势的发挥。

4. 国家对资源的控制强度对一般均衡的影响

假定小国对资源的控制强度为 $x = 0.23$，并且不变，大国对资源的控制强度可变，国家之间运输成本系数设定为 $\tau = 1.8163$。除此及两国特权阶层人数占该国人口比例之外，所有其他参数均与表5.1相同。对于两国食利者阶层人数占该国人口的比例，我们分两种情况进行考虑：

第一种情况：假定特权阶层存在完全的进入壁垒，其人数占该国人口的比例固定不变。假设 $K = k = 0.059$，在这种情况下，一个国家被政府控制的资源越多，该国特权阶层的收入就会越高。数值模拟结果见表5.4中第2列至第5列。

第二种情况：寻租市场是完全竞争的，特权阶层人数占该国人口的比例由模型内生决定。当一国因政府控制的资源较多而导致该国特权阶层的收入提高时，该国原本从事生产性活动的普通劳动者可能会寻找机会进入非生产性领域，直到两类人员的收入实现均等化为止。于是，我们可将国内不同阶层的收入均等化作为本书模型的又一均衡条件。由此我们得到方程(5.6)和(5.7)。

表 5.4　开放经济条件下国家控制资源的强度对一般均衡的影响

参数	特权阶层人数的比例固定				特权阶层人数的比例内生			
	大国		小国		大国		小国	
X	U_{ri}	U_{rR}	U_{sj}	U_{sR}	U_{ri}	K	U_{sj}	k
0.12	4.9065	2.5054	4.7626	4.802	4.9257	0.031022	4.7816	0.059459
0.15	4.8673	3.1317	4.7626	4.802	4.8810	0.038778	4.7763	0.059459
0.18	4.8280	3.7581	4.7626	4.802	4.8364	0.046533	4.7710	0.059459
0.21	4.7887	4.3844	4.7626	4.802	4.7918	0.054289	4.7657	0.059459
0.23	4.7625	4.8020	4.7626	4.802	4.7621	0.059459	4.7622	0.059459
0.25	4.7364	5.2195	4.7626	4.802	4.7324	0.064630	4.7586	0.059459
0.28	4.6971	5.8459	4.7626	4.802	4.6880	0.072385	4.7532	0.059459
0.31	4.6578	6.4722	4.7626	4.802	4.6436	0.080141	4.7479	0.059459
0.35	4.6055	7.3073	4.7626	4.802	4.5845	0.090482	4.7407	0.059459

$$\eta K = (X - K) \left(\frac{\phi}{1 - \theta - \phi} + 1 - \eta \right). \tag{5.6}$$

$$\eta k = (x - k) \left(\frac{\mu}{1 - \gamma - \mu} + 1 - \eta \right). \tag{5.7}$$

将式(5.6)、式(5.7)与原方程组(5.3)结合在一起组成新的方程系统并进行数值计算,可求得 K、k、χ_1、χ_2、χ_3 和 ρ 的解,再代入式(5.4)和式(5.5),可求得两个国家的人均实际收入。其数值模拟结果见表5.4的第6列至第9列。

表5.4显示,当大国政府控制的资源较多时(参数 X 值较大),该国特权阶层的收入(U_{rR})会显著提高,但普通劳动者的收入(U_{ri})将有所减少。反之,如果政府减少对资源的控制,则特权阶层的收入会显著减少,但这将有利于劳动者收入的提高(参见表5.4中的第2列和第3列)。因此,我们经常发现,每当政府要进行经济体制改革时,既得利益集团总是想方设法阻挠改革。中国古代多次改革和变法都以失败告终,原因即在于此。古代社会中许多国家的特权阶层人数都比较固定,他们或由世袭获得特权,或由战功之奖励获得,国王或皇帝会把土地赏赐给他们。不过,有些国家也可能建立了某种特权身份内生化的机制。中国自隋唐时期出现了科举制度,这种制度建立的初衷是为了从普罗大众中选拔优秀人才管理国家。但是,接下来,这种制度就演变成了平民阶层通向上流社会和获取特权身份的一种途径。这并非是科举制度本身发生了变化,而是因为官员可以利用其官员身份获得大量的特权和土地。虽然这种制度并未在现实中使特权阶层与平民阶层的收入出现均等化,但是,如果我们将科举考场上失败者的收入也计算到特权阶层一类并进行平均处理(科举考试失败的概率很高),那么,收入均等化的假设是可以成立的。最终的结果是,政府控制的资源越多,就会有越多的人

试图挤入特权阶层，而直接从事生产劳动的人数就越少。当一个国家以特权为贵，以食利为荣的时候，这个国家离衰败就不远了（参见表5.4 中的第 6 列和第 7 列）。持久的财富只能从生产性劳动中产生，这个法则永远不会有例外。

5. 经济结构从农业向手工业转型对一般均衡的影响

假设大国生产企业对土地资源的依赖程度（ϕ）为可变值，对中间产品的依赖程度保持不变（$\theta = 0.19$），对劳动的依赖程度（$1 - \theta - \phi$）随 ϕ 值发生变化。假定 $X = x = 0.23$，在特权阶层人员比例固定的情况下，$K = k = 0.059$，在特权阶层人员比例内生的情况下，K 和 k 值为内生变量，其他参数的设置与表5.4 相同。数值计算结果如表5.5 所示。

表5.5 向我们展示的结论是，在其他条件不变的情况下，随着大国经济结构从土地密集型的农业向劳动密集型的手工业转型（ϕ 值下降），特权阶层的收入会显著减少，而普通劳动者的收入会显著上升（参见表5.5 中的第 3 列和第 4 列）。特权阶层若不能通过增加资源的控制提升本阶层的收入，则他们将不得不转向生产性劳动，以增加自己的收入（参见表5.5 中的第 7 列和第 8 列）。

在以上不利于特权阶层的经济结构下，中国元朝的统治者采取了两大措施：其一是将原本从事手工业的城市人口驱赶到农村，使经济结构从手工业社会重回农业社会；其二是，将手工业和对外贸易收归官办和国有，增加政府对经济的控制力。这些措施当然增加了元朝政府和特权阶层的收入，但中国也由此错失了经济结构从农业向工业转型的良机。

6. 经济结构从农业向近现代工业转型对一般均衡的影响

假设小国生产企业对土地和中间产品的依赖程度（γ 和 μ）可变，但两

表 5.5　经济结构转型对一般均衡的影响（一）

参数 θ=0.19		特权阶层人员比例固定				特权阶层人员比例内生			
		大国		小国		大国		小国	
φ	$1-\theta-\varphi$	U_{ri}	U_{rR}	U_{sj}	U_{sR}	U_r	K	U_s	k
0.24	0.57	3.8100	5.4795	4.6703	4.7089	3.8126	0.082715	4.6572	0.059459
0.21	0.60	4.0971	5.2954	4.6998	4.7387	4.0951	0.074963	4.6902	0.059459
0.18	0.63	4.4127	5.0711	4.7305	4.7696	4.4095	0.067211	4.7251	0.059459
0.16	0.65	4.6417	4.8969	4.7517	4.7910	4.6398	0.062043	4.7496	0.059459
0.15	0.66	4.7625	4.8020	4.7626	4.8020	4.7621	0.059459	4.7622	0.059459
0.13	0.68	5.0187	4.5952	4.7849	4.8245	5.0228	0.054291	4.7882	0.059459
0.10	0.71	5.4465	4.2401	4.8201	4.8600	5.4624	0.046540	4.8297	0.059459
0.07	0.74	5.9451	3.8263	4.8585	4.8987	5.9803	0.038788	4.8753	0.059459
0.03	0.78	6.8066	3.1792	4.9196	4.9604	6.8835	0.028452	4.9479	0.059459

者之和恒保持为 0.34，则小国生产企业对劳动的依赖程度为 $1-\gamma-\mu=$
0.66。令 $\theta=0.19$，$\phi=0.15$，其他参数的设定与表 5.5 相同。除 γ 和 μ
之外，所有参数都保持不变，数值模拟结果如表 5.6 所示。

从表 5.6 中可以看到，随着小国从土地密集型的农业向资本密集型
的现代工业转型，小国普通劳动者的人均实际收入大幅度提高，而原本
富裕的土地贵族的收入反而出现了大幅度的下滑（参见表 5.6 的第 5 列和
第 6 列）。这样的例子在 18 世纪前后的欧洲随处可见。我们经常可以在
历史书和小说中看到那些没落的土地贵族。这些没落贵族和他们的后代
最终都转变成了普通劳动者，这种转变进一步促进了欧洲经济的发展（参
见表 5.6 的第 9 列和第 10 列）。

值得注意的是，在小国经济结构向现代工业转型的过程中，若大国
政府仍保持着对本国土地的足够控制力，并维持以农业为主的产业结构，
则大国的特权阶层仍可凭借其土地特权获得较高的收入（参见表 5.6 的第
4 列）。一个经常被提及的例子是，在欧洲经济突然向现代工业转型（工
业革命）的关键时期，中国仍然维持着农本型的经济结构。为什么经济结
构转型没有发生在中国呢？其中一个原因是，中国的特权阶层多为世受
皇恩的官僚家族和通过科举制度选拔出来的知识精英，他们的手中掌握
着大量皇帝赏赐的土地，这些人都是农业经济的既得利益者，经济结构
向工业转型只会损害他们的特权利益，所以，他们没有动力，甚至压根
就不愿意改变这种经济模式。姚洋（2003）发现，直到近现代时期，中国
的农业回报仍高于工业回报，这导致中国的有钱人都愿意投资于农业和
购买土地，而维持农本型经济结构本身又是导致农业回报高于工业的一
个重要原因。

第四节　对"李约瑟之谜"的解释

接下来先根据前文理论模型归纳出一些基本的理论假说和关键结论，

表 5.6　经济结构转型对一般均衡的影响（二）

参数 γ+μ=0.34		特权阶层人员比例固定				特权阶层人员比例内生			
		大国		小国		大国		小国	
γ	μ	U_{ri}	U_{rR}	U_{sj}	U_{sR}	U_{ri}	K	U_{sj}	k
0.10	0.24	4.6678	4.7065	3.9161	5.1748	4.6614	0.059459	3.9214	0.076513
0.13	0.21	4.6913	4.7301	4.1018	5.0166	4.6864	0.059459	4.1031	0.071221
0.16	0.18	4.7224	4.7615	4.3762	4.8961	4.7194	0.059459	4.3752	0.065550
0.18	0.16	4.7480	4.7873	4.6193	4.8311	4.7467	0.059459	4.6182	0.061539
0.19	0.15	4.7625	4.8020	4.7626	4.8020	4.7621	0.059459	4.7622	0.059459
0.21	0.13	4.7954	4.8351	5.1014	4.7483	4.7971	0.059459	5.1040	0.055142
0.24	0.10	4.8563	4.8965	5.7788	4.6714	4.8623	0.059459	5.7926	0.048240
0.27	0.07	4.9357	4.9766	6.7566	4.5802	4.9478	0.059459	6.7959	0.040770
0.31	0.03	5.0880	5.1301	8.9311	4.3752	5.1130	0.059459	9.0548	0.029800

再根据这些理论假说对"李约瑟之谜"的四个子命题(文贯中，2005)逐一进行解释。

1. 理论假说

根据前文理论模型的数值模拟结果，我们得到如下一些关键结论和理论假说：

假说1：在适度偏大的人口规模上，人口数量与大国的优势具有正向关系，不过，如果该国人口规模过大，导致人均土地或资源的占有量过低，超出了该国的土地承载能力，那么，大国优势将不能维持。这时，大国的人均实际收入可能会低于小国。

假说2：由要素平衡扩张引起的要素结构的变化会通过相对价格效应影响经济结构转型。如果一国人口规模出现过度扩张，则该国人均土地占有量减少，这有可能制约该国的经济发展。但如果该国国内市场发展良好，则该国经济将从土地密集型的农业向劳动密集型的手工业和近代工业转型，这将有利于缓解其人均土地量的不足，从而使该国避开贫困陷阱。

假说3：国际贸易可以使所有国家同时从贸易中获得好处，但小国从贸易中获得的好处更多，于是，国际贸易使大国与小国之间的人均收入差别缩小。由于在封闭经济条件下不存在国际贸易，因此，大国的人均真实收入会远远高于小国，随着两国贸易开放度的提高，其人均实际收入的差距会趋于缩小。本假说还有一个推论，如果由许多个小国组成一个贸易联合体，这些国家的收入水平将因贸易而显著提高。这样，小国联合体中各国的人均实际收入水平就有可能超过实施闭关政策的大国。国际贸易成本下降促使经济得到发展的原因有两个：其一是通过贸易流量的增加使两国同时获得分工经济；其二是有利于经济结构转型。

假说 4：一个国家国内交易成本系数的高低对于该国竞争力具有显著影响。当大国内部交易成本降低的时候，其人均实际收入会显著提高，但其他国家的人均实际收入会略为下降，两国收入差距趋于扩大。发生这种现象的原因是，当一国交易成本降低的时候，该国更倾向于从本国购买产品，减少从其他国家购买。本假说的一个启示是，市场机制的改善会显著地促进本国的发展。此外，本国市场效率的改善也有利于经济结构转型。

假说 5：要素的投入结构对于各国人均实际收入具有重要影响。在一国之人均土地占有量较小的情况下，该国地租率会显著高于其他国家，这时，如果该国仍以土地密集型产业作为主导产业，该国的土地阶层就会获得较高的收入，其产品的生产成本会趋于提高，从而该国的产品竞争优势会趋于丧失。为了节省产品的生产成本，该国或许会有较强的动力向劳动密集型产业、资本密集型产业和技术密集型产业转型。不过，这种情况只有在贸易开放的前提下才更容易出现。要素投入结构的改变常常反映了直接的产业结构升级。

假说 6：国家对生产要素的控制和收入分配模式会显著影响一个国家的竞争力。如果一个国家对资源的控制程度过强，导致其资源被特权阶层所掌握或占用，就会削弱其竞争力，因为这些非生产性的高收益将会诱导该国精英人才去追逐权力，然后占有和夺取资源，滋生一种寻租和设租文化，干扰市场机制的运行，并影响经济结构转型，从而导致该国落后于其他国家。

2. 为什么中国在秦汉以前没有领先于西方

虽然从人口规模上看，无论在哪一个时期，中国的人口规模与欧洲相比，都具有明显优势（Ropp，1990），但是，有一个重要方面被文贯中（2005）注意到：欧洲文明是多个文明复合作用产生的结果。这些文明相距如此之近，它们之间相互作用、相互影响，组成了一组文明集群（李君华、欧阳峣，2017）。于是，希腊文明从一开始便拥有了一种开放性的基因，这种开放性和多元性必然进一步影响到希腊文明的内在特性，这些特性是其他文明不可能拥有的，这或许就是欧洲民主的原创基因。希腊文明在继承、吸收和消化如此众多文明的基础上发展而来，较之其他独立发展的文明当然会有一些优势。

从商业交往上看，希腊各城邦与外部世界距离非常近，由于地中海属于内海，海内岛屿和半岛众多，海岸线犬牙交错（Diamond，1999），其航运条件较之其他海域要优越得多，希腊的原始造船业可以满足地中海的内海航运，于是，希腊与附近其他国家之间的运输成本显著低于中国与其他国家的交往，希腊可以通过港口与其他国家开展贸易活动。斯塔夫里阿诺斯（1999）发现，希腊市民确实与外部世界保持着非常密切的经贸往来。相比之下，中国的东面是太平洋，在秦以前的航运条件下，尚不具备发展海外贸易的条件，中国的西面和北面是崇山峻岭、沙漠戈壁和冰雪草原，虽有丝绸之路连通东西，但这是后来的事情，况且中国与北部民族在大多数时候都是处于战争状态，对贸易帮助不大。于是，在早期，中国与西方世界几乎没有贸易往来。所以，虽然希腊人口较之中国要少得多，但是，希腊通过商业贸易与其他国家联为一体，实现了国家之间的集群优势和多赢发展，这在一定程度上抵消了希腊本土人口规模偏小的劣势。

希腊与外部世界的频繁贸易使希腊可以放弃一部分农业活动，由此促使希腊的产业结构从农业向手工业转型。由于希腊多山的地貌特征，导致可耕地面积狭小。希腊是一个开放社会，所以，这种人地矛盾就进一步强化了经济结构转型的趋势。① 从此,许多希腊人便从农业转型到农业之外的其他手工技艺的研究。由于手工业是劳动密集型产业,这些产业可以集聚在某些特定地区,而不必依赖于土地,于是,促使希腊全境的城市化水平达到20%—30%(Bairoch,1999),这在工业革命之前是一个非常高的水平。城市化进一步促进了希腊社会的劳动分工、市场发育和科技创新。

希腊各城邦适用的政体是民主制度,这种制度鼓励底层民众对公共事务的参与,对于权力的过度集中和滥用也具有很强的遏制作用。同时,这种制度对于个人财产权和知识产权的保护也具有一定的积极作用。古希腊哲学家亚里士多德在当时就认识到私有产权对于生产力发展的重要性,并对此进行了系统的论述。后来的罗马帝国甚至用法典形式确立了私人财产权和法人团体制度,这些制度显著降低了市场交易成本,促进了市场机制的发育和商业繁荣。相比之下,中国的政体,除了少数战乱时期之外,一直都是大一统的皇权政治,在当时,这种制度对于抵制北方游牧民族的威胁确实起到了一定的作用。但是,这种制度无法遏制统治者对公民财产权和个人人力资本产权的侵害,因而非常不利于市场机制的发育和交易成本的降低。可见,希腊文明在当时领先于世界几乎是一个必然结果。本书中的各个模型可以解释这种现象。

由上可知,古希腊作为一个地中海沿岸的小国主要有三大初始特征:人口规模不大;人口稠密,人均可用农业用地较少;与其他文明相距较近。如果希腊是一个孤立的农业国,那么,前两个特征对其就是不利条

---

① 文贯中(2005)认为,人地矛盾是导致农业向工商业转型的关键原因。我们认为,文贯中的这种观点不能解释为什么中国清朝没有发生这种经济结构转型。清乾隆年间,中国人口达到3亿,远远超出土地的承载力,由此出现了大面积的饥荒和流民潮,但中国并未在这种压力下向工商业转型,而是长期滞留于农业社会。本书的观点是,在一国农业用地受局限的前提下,若要使该国经济结构实现从农业向工商业转型,则要求具备另一个条件:该国实施了贸易开放政策。中国清朝实施严厉的禁海政策(仅允许广州发生少量国际贸易)。海禁使中国无法从国外获得本国所需的农产品,于是,中国不得不在本国发展精耕细作的种植技术,以养活不断增加的人口,中国由此陷入农业的"高水平发展陷阱"。

件。但是，由于希腊成功地实现了经济结构转型，于是就克服了这两个不利条件。而希腊之所以能实现经济结构转型，则主要是因为希腊文明的多元性、开放性、民主性和要素禀赋结构的挤压。制度的民主性使希腊对于私有产权非常尊重，这将有利于对个人创造力的鼓励和对寻租行为的遏制，进而有利于手工技艺的创新和技术的变革，从而为经济结构转型提供技术支持（供给侧），而贸易开放和与周边国家的交易则可以为经济结构转型提供市场支持（需求侧）。人地矛盾或要素禀赋结构失衡导致农业劳动的边际收益下降，这就为经济结构转型提供了农村剩余劳动力支持。

3. 为什么中国在唐宋两朝能够领先于西方

虽然希腊文明取得了如此辉煌的成就，但终究无法抵制罗马帝国和马其顿帝国的军事铁骑。不过，借着希腊文明的余晖，罗马帝国仍旧在欧洲称雄了数百年时间。凭借人口优势，中国在两汉时期逐渐赶上了欧洲。按照 Maddison(1998；2003)的估算，中国汉朝的人均收入与罗马帝国相差不大。从公元 2 世纪起，中国逐步超过欧洲，至唐宋成为全球最富庶的国家。

中国正好在汉朝赶上欧洲，可能有人口优势的原因，也有一些其他原因。汉朝结束了春秋战国的战乱局面，确立了土地私有和自由买卖的制度，文景之治后，对商人的尊重和对财产权的保护使汉朝的商业势力获得空前发展，城市化水平亦大幅提高。这些都有利于汉朝经济的发展。战乱经常伴随着财富的毁灭和对私人产权的破坏，因此，战争结束是一个国家的经济获得发展的起点。私有产权的确立和对商人财富的承认是市场经济发展的前提，而城市化通常又会进一步降低商业交换成本并促进分工的发展。在国际贸易方面，中国在汉朝开辟了丝绸之路和海上交通方式，与西域、日本、西南海上诸国及印度都保持着密切的贸易往来。这些因素合在一起，使汉朝的经济获得了较快的发展，在科技方面也取得了不小的成就，四大发明之一的造纸术即在汉朝出现。

中国在唐朝进一步与西方世界拉开了差距，唐朝的繁荣和强盛主要来源于五个方面：其一，较大的人口规模；其二，发达的国内交通、无为而治的黄老经济政策（较少的政府干预）和对税赋的减免使国内交易成本大幅度降低，并使市场机制趋于改善。其三，与外部世界频繁的贸易联系。唐朝是一个极其开放的社会，与周边各国保持着非常密切的贸易往来。其四，较高的城市化水平。其五，相对宽松的政治环境。唐朝黄老经济政策的实质就是发挥市场这只"看不见的手"的决定性作用，这种制度有力地促进了唐朝工商业的发展。唐朝中期发生安史之乱，战乱迫使北方人口（包括工匠、士绅和农民）向南方迁徙。南方是统治者控制力薄弱和较少受战乱干扰的地方，这正好有利于对财产权的保护。对南方肥沃土地的开发使中国可以非常容易地就满足巨大规模的人口对农产品的需求，由此促进了南北贸易的发展，并促进了工商业的发展和商人阶层的壮大。唐中期之后的藩镇割据主要发生在北方，对南方影响较小。同时，藩镇割据也削弱了中央政府对地方的控制，这种弱控制反而使南方获得了较好的发展环境。创造力来自底层和民众。在中央控制力减弱的地方，新思想和新技术常常在那里出现，这就是市场。为了方便南北远距离贸易，最早的纸币（飞钱）在唐朝中后期产生，纸币的发明进一步降低了南北贸易的交易成本。这些都促进了唐朝经济结构的转型和手工业的发展。

由于面临着来自北方的威胁，宋朝疆域被迫向南方收缩，南宋更是退到淮河以南，两宋疆域内可耕地面积由此大幅度减少，但人口反多于前朝。较大的人口规模无疑有利于分工的深化和由知识溢出所引起的技术创新。宋朝与周边国家开展了广泛的国际贸易，从北方和海外进口了许多天然农产品，而本国则主要专精于各种手工艺品、工业产品和适合在丘陵地区生产的高效农作物，并向纵深推广了精耕细作的农业。这时，从越南引进的高产水稻已在南方广泛种植，并得以改进，由此解决了长期困扰中国各朝的粮食安全问题,并产生大量农村剩余劳动力,为经济结构向工商业转型提供了人口支持。由于生产手工艺品和工业产品属劳动密集型产业,适合在城市生产,于是,宋朝的城市化水平因经济结构转型获得了大幅度的提高,城市化反过来又促进了宋朝工商业的发展和科技创新。数据表明,宋朝的城市化达到了 20% 以上,这个比例大致接近于古希腊的城市化水平。考虑到宋朝有如此之大的绝对人口规模,因城市化经济所产生的规模效应应当是远远大于希腊的。在这种背景下,宋朝的国内国外贸易都获得了空前的发展。

弱宋时代的政府对于民间市场只有极少的干预,虽然统治者进一步加强了中央集权,权力结构属于"干强枝弱"的类型,中央牢牢地控制着军队,但行政管理和服务职能仍归属于地方政府,中央的控制力很难渗透到地方的实际事务中。在用人制度上,宋朝是"皇帝与士大夫共治天下"的时代,科举取士不再受出身门第的限制。由于政府对民间干预较少,底层民众的积极性由此得到较好的发挥。宋朝皇帝一直遵循"不杀文臣"的"太祖训",对于持不同政见的文官的处罚至多是将其发配到南方边陲担任地方官。"太祖训"在相当程度上鼓励了民主氛围的形成,被贬谪的文官也多能报效国家,他们将自己的知识带到落后地区,并积极提供各种有利于经济发展的公共物品和服务。宋朝的国内交通由此有了显著的改善。由于政府财政宽裕,政府常用金钱换取和平,国家之间的战事由此显著减少。长期用招安政策将各种无业流民和灾民收编为雇佣军,于是,以往长期横行于旅途的劫匪和强盗也大大减少。这使得宋朝的国内交易成本大幅降低,由此促进了社会分工和经济发展。国内市场的发展使商人将眼光瞄向了国外。由于北方被辽、金和西夏所控制,宋不得不发展海洋贸易,以替代"丝绸之路"。由于造船业的发展和罗盘针的发明,较之北方的"丝绸之路",海洋航线的贸易成本明显要低得多,这使得宋朝与周边国家通过海洋贸易实现了双赢发展。数据表明,宋朝与日本、印度、东南沿海诸国、北方辽国、西夏、金国等 60 多个国家都保持着非常频繁的贸易往来。

与宋以前的朝代相比，宋朝有两个明显的初始特征：人口规模显著扩大；土地面积，尤其是可耕农用地面积明显减少。人均土地面积减小导致宋朝的要素禀赋结构发生了变化（林毅夫，2012），其结果是，农业劳动的边际收益下降，而土地的边际收益上升。随着稻麦连种和水稻两熟制的推广，困扰朝廷的粮食不足问题得到解决，于是，从农业中解放出大量的过剩劳动力。开明的政治氛围解放了人们的思想，对工商业的支持和弱控制则在事实上对商人的利益和财产权形成了保护，这就为宋代的科技创新和新型产业提供了制度和技术支持。开放的贸易政策和广泛的海外贸易为手工业产品的规模经营提供了市场支持。三大条件结合在一起，促使宋朝的经济结构从农业向手工业转型。相比之下，同时期的欧洲正处于中世纪农奴制的控制之下，在这种制度下，每一个庄园都是一个自给自足的经济实体，庄园内农奴没有身份自由，庄园之间则缺少交易。这种制度不利于商业发展和个人潜能的发挥。

4. 为什么中国在近代再次落后于西方

在南宋繁荣的惯性之下，中国元明两朝仍然在世界上保持着领先的地位。不过，开始于南宋的工业化倾向却戛然而止了。元政府将手工业收归官办和国有（工匠变成了工奴），对外贸易业务主要由官方经营，禁止从事民间手工业和海外贸易。于是，底层民众从事手工业和贸易的机会消失了。由于元朝疆域扩大，可耕地和牧区面积增加了，这也使得元朝的土地可以容纳更多的农民。加之，元政府对反元力量十分恐惧，便将城市人口驱赶到农村。于是，许多过去在民间从事手工业和商业的城市人口又回流到农村。经济结构从原本以非农业为主倒退为以农业为主。底层民众的创造性由此被抑制。虽然元朝的国力和实用技术仍然称雄于世界，但实际上它已经走上了下坡路。

　　明朝对于手工业有所放开，不再全由国家经营，允许民间从事各种手工业活动，但明政府仍要求士、农、工、商都各守本业，并严格限制人口流动。具体而言，明帝国建立后，明太祖采取了两大措施，对人口和户籍实施严密的管控。其一是"路引"制度的实施。明政府规定，各户邻里之间必须互相知晓对方职业及家中人丁，个人外出经商、务工、出游、探亲、赶考、求医都必须随身携带"路引"（介绍信），路引上必注明路线、事由、职业等。其二是"户籍"制度的确立。洪武十四年（1381 年），明政府下令，天下之人各以"本等名色占籍"，即不同职业之人归入不同的籍，不同籍之间一般不能随意变动。限制了"户籍"，也就限制了人们的职业转换。限制人口流动的路引和户籍制度虽然在明初对农业恢复有一定的积极作用，但明显限制了明朝的经济结构从农业向工商业转型。

　　随着农业的恢复和社会的安定，明朝的人口开始增多，明初人口约为 5000 万，晚明接近 2 亿。许多地区的农业产量已不能满足人口的需求，加之沿海商业有所发展，弃农经商和务工者日益增多。虽然路引与户籍制度仍在执行，但在管制上已没有那么严格了，于是，区域之间的人口流动有所加速，行业之间的职业转换也有所增多，明朝的商业经济终于慢慢繁荣起来。不过，在明朝现有的土地和农业技术之下，明朝的粮食产量终究养不活接近 2 亿的人口。[①] 为了解决这个问题，有两种备选方案：其一，发展对外贸易，将多余的农业劳动力转移到工商业，运用工业品出口赚得的外汇从国外购买和进口农产品，以弥补本国粮食的不足；其二，耕作更加贫瘠的土地（垦荒），在原有土地上追加投资，发展

---

　　① 对粮食的需求是一种刚性需求。如果一个国家未能解决其粮食不足的问题，则其任何发展都是脆弱的。中国明朝的覆灭就悲剧性地证明了这一点。虽然中晚期明朝的江南地区一片繁荣，但北方出现了大面积的饥荒，饥肠辘辘的流民聚集在一起组成农民军攻占了北京，明朝由此覆灭。

精耕细作的农业，以养活日益增多的人口。①

明王朝选择了第二种方案，其具体做法就是实施严厉的闭关锁国政策。对于民间的海上贸易，明初即严令禁止，在永乐和宣德两朝，海禁稍微放松，但嘉靖年间又重颁禁海法令，结果来自民间的海外贸易完全停止。禁海法令的实施导致如下一些后果：其一，中国无法从国外进口粮食，以解决本国的粮食不足问题，于是就只能依靠开垦荒地和精耕细作来扩大粮食产量，但是，以这种方式增加粮食产量总会有一个极限，当明朝的人均耕地由于人口暴增而降到某一门槛值时，饥荒和流民就随之出现了。从某种程度上可以说，明王朝可能正是亡于它的这一基本国策。其二，随着本国人口规模的扩大，先是粮食出现紧缺，然后是地租率上升，于是，越来越多的民间资本都涌向土地投资和农业投资（姚洋，2003），农业吸附了较多的劳动力和资本，这在一定程度上有利于解决粮食不足的问题，但也导致经济结构无法从农业向工业和手工业转型，工商业由此受到遏制。

明王朝对于土地的控制力仍十分强大。受土地投资高回报的吸引，官僚士大夫一朝得志，多倾向于购置和占有土地。一些历史资料显示，明朝中后期出现了大规模的土地兼并。王公贵族、皇室成员多恃宠挟恩，奏求田禄，以科举致仕的士大夫获得一官半职后，也都趋于求田问舍，运用手中权力千方百计地占有和兼并土地。这导致归属于劳动者的土地和收入份额越来越少，并使民间精英都热衷于科举考试。在这种官本位

---

① 英国历史上亦曾发生过关于《谷物法》的争论。其时，拿破仑封锁了欧洲大陆全部对英国的港口，控制了运往英国的粮食，导致英国粮食价格和地租率大幅提高，为解决英国粮食不足的问题，英国不得不耕种较贫瘠的土地和在原有土地上追加投资。1815年，拿破仑对俄战争失败，港口封锁令解除，欧洲粮食重新进入英国市场，这导致英国粮食价格下跌。为了保护贵族利益，英国议会通过了《谷物法》，其主要内容是：当粮食价格每夸特低于80先令时，绝对禁止粮食进口。《谷物法》使英国粮食价格和地租率维持在一个较高的水平。由于工人对粮食的需求是刚性的，为了维持工人的最低生存水平，工业品生产企业不得不提高工人的工资，而工资又会进入产品的生产成本，英国工业品由此失去价格竞争力。1846年，英国议会不得不废除《谷物法》，英国工业终于重焕生机。《谷物法》争论给我们展示的一个基本原理就是，闭关锁国和贸易保护总是会损害一个国家的竞争力。

体制和科举文化之下，许多有才能的知识精英都转向了非生产性领域，于是，有利于工业进步的专业研究群体无法形成。这个研究群体不能形成，新产品的创新和新技术就很难出现，于是，经济结构受到技术供给的制约，无法向新型工业转型。所以，明朝的工商业始终局限于丝绸、陶瓷和茶叶等传统产业。

不过，一个值得注意的现象是，虽然有诸多因素限制着明朝生产力的发挥，但明朝仍然是当时世界上最富庶的国家，而且中后期的工商业发展甚至出现了加速的迹象。实际上，当时的明王朝存在贫困与富庶并存的现象。发生这种现象的原因是：其一，中后期的明朝对人口流动和工商业的管制已有所放松，这是工商业发展的重要前提；其二，人口数量的暴增使农村产生了过多的剩余劳动力，于是出现了一些弃农经商者（并非每一个放弃土地的人都会成为流民），这多少也促进了经济结构的被动转型；其三，明朝有如此之大的人口规模，即使不考虑国际贸易，其内部人口也足以支撑一个较大的国内市场和较深层次的分工；其四，隆庆登基后，海禁有所放松，澳门、月港、台湾相继成为对外贸易窗口，明朝与海外的贸易有所增加，白银大量流入。所有这些无疑都有利于明朝的工商业发展。但是，遗憾的是，明朝的工商业繁荣始终局限于江南地区以及丝绸和陶瓷等传统产业，新型工商业始终发展缓慢。另一方面，白银流入中国后，便不再流出。这种单边的重商主义贸易模式导致西方国家不得不减少在中国的购买。同时，户籍和路引制度虽有放松但仍在实施，农民的身份和自给自足的农业经济暂时仍无法大规模改变，加之农民购买力薄弱、参与市场的程度较低，流入中国的白银既没有转化为工业投资用来吸收农村的过剩劳动力，也没有被用来进口国内紧缺和急需的粮食，于是，明朝仍存在大范围的饥荒和流民，盈余的白银大多通过税收渠道进入政府财政被转作维稳费用，结果，明朝的经济结构始终无法从农业向新型工商业转型，其重工业也非常薄弱，轻工业转型仅限于南方。从表面上看，江南地区的经济和贸易一片繁荣，但实际上，经济结构失衡的深层次问题始终没有得到解决。一方面，农村剩余劳动力没有被工商业所吸收；另一方面，粮食不足的难题始终困扰着统治者。这些问题直接导致了大明王朝的覆灭。

清乾隆年间，中国人口达到 3 亿。在农业社会下，这样的人口规模已经超出了"马尔萨斯陷阱"发挥作用的临界值，由此，中国在这一时期的人均福利水平开始急剧下降。看一看 19 世纪中期欧洲传教士的记录就可以知道在"马尔萨斯陷阱"下当时中国人的生活有多悲惨："年复一年，在中国这一或那一地区总有惊人数量的人死于饥荒……如果某一个省的庄稼因为干旱、洪水或其他天灾人祸而歉收，那么三分之二的人口马上就得挨饿……很多人晕倒在路旁……你会看见田野里和路旁的尸骨，走过去也不会介意……这种触目惊心的景象已经让人熟视无睹"（Landes，1998）。可见，中国的农本经济已经走到了尽头。中国的产业结构急需从农业社会向工商业社会过渡，才能缓解由"马尔萨斯陷阱"引起的人地矛盾。然而，此时的清王朝仍继续实施严厉的海禁政策，对国内工商业实施严厉的控制。清政府禁止民间开采矿业；对于渔盐、手工作坊，莫不严加管制；政府开办织造、铸币等工厂，将私人营业者挤出市场；禁止一切海上贸易和与外国人的交流。被关紧的国门使清王朝不得不依靠本国土地养活日益增加的人口。较高的地租率又使得有钱人热衷于购买土地，八旗贵族和官僚士大夫亦运用手中的权力大规模地参与到这一土地投机和土地兼并的热潮之中。于是，中国社会仍无法从农业向手工业和工业转型，并出现了倒退。而此时的欧洲在科技革命和工业革命的推动下，早已向前突飞猛进，中国已经被远远地抛在后面了。

许多学者注意到，中国在南宋时期就已经具备了发生工业革命的所有条件，但是，不容易理解的是，非但工业革命没有在中国发生，在南宋灭亡之后的几百年内中国便落后于西方了。根据前面的分析，我们可将原因总结如下：

其一，从元明开始的闭关锁国政策使中国在全球经济中变成了一个孤立的农业国。本书模型证明，国际贸易可以使各参与国同时从贸易中获得好处。中国在元朝将国际贸易业务收归官办，削弱了民间海外贸易，明朝多次实施禁海法令，清朝实施全面海禁。这导致中国无法从欧洲科技进步和工业文明中分享到好处。另一方面，禁海法令也使中国的经济结构转型朝着不利于工业发展的方向倒退。由于疆域扩大和对反政府力量的恐惧，元清两朝政府都非常重视农业，并特别反对人口集聚，政府把原本在城市生活的人口驱赶到农村，由此导致中国社会的经济结构退回到农本经济。明清政府则将海禁作为国家的基本政策，结果导致中国只能依靠本国土地养活日益增加的人口。同时，由人口膨胀引起的人地矛盾又提高了农业和土地的回报，有钱人热衷于购买土地，特权阶层和有地精英都不愿意放弃农本型经济结构，从而导致中国只能长期滞留于农业社会。

其二，在国内市场上对工商业实施控制是中国落后于其他国家的另一重要原因。本章模型证明，国内交易成本太高会显著降低一个国家的人均实际收入。较之唐宋两朝，元明清政府对工商业均实施了非常强有力的控制（仅仅在明朝中后期有轻微的放松）。这种控制在清朝达到了极限。为了限制反清复明的力量，清政府极力限制人口聚集，并对工商业实施严厉管制。这种管制在相当程度上导致了市场的消灭，提高了商品交换成本。虽然这一时期国内交通条件仍较发达，但中央政府对官员缺乏监督，从而无法约束官员对市场的干预和对居民财产权的侵害，这显然不利于市场机制的健康运转，市场运转不灵就会增加交易成本，因而也不利于社会分工和国民经济的发展。

其三，中国历来实施大一统的皇权政治，这种制度的重要特征之一是国家对于各种生产要素具有极强的控制。中国历代皇帝对于土地都具有较强的控制力，他们将国家控制的土地分封给皇室成员、各级官员和自己喜爱的大臣，这种制度直接导致了一个特权阶层的形成。中国元朝的统治者不仅控制土地，而且将手工业和国际贸易业务都纳入国家的控制范围。于是，原本非常发达的手工业在元政府的控制下开始衰落。明清政府对人口流动和户籍的管制（只有明朝中后期情况略好），也直接限制了其工商业的发展。

5. 为什么现代科学起源于欧洲

"李约瑟之谜"的关键问题是：为什么现代科学起源于欧洲？为什么中国上千年的封建社会都没有产生科技革命？与此相关的问题是：考虑到经济结构转型只是一个过程，发生这一过程必另有更深刻的原因，那么，是什么原因引起了西方的经济结构转型？为什么中国宋朝发生了农业向手工业的经济结构转型，却没有向前更进一步？

欧洲文艺复兴和科技革命之前是欧洲中世纪。长期以来，"中世纪"一直被当作黑暗时代的代名词，它是指强大的罗马帝国与浪漫的文艺复兴之间的 1000 多年时间。要研究文艺复兴和科技革命，就必须弄清楚，为什么在那个黑暗时代的末期会产生变异。文贯中（2005）的观点是，古希腊的原创基因仍然保存在欧洲文化的细胞里，而这个原创基因本身则来源于希腊特有的地理禀赋。Landes（1998）则认为，古希腊的创造性仅仅在罗马时代经历了几百年的中断，欧洲中世纪是人类历史上非常具有创造力的时代，欧洲的分裂、尘世与教会的分离、封建领主与王室之间的利益制衡、各地社会的权力纷争、城市市民阶级的形成是欧洲取得进步的源泉。当欧洲摆脱外来风险和异族的骚扰之后，它的进步就开始了。这实际上就是告诉我们，在文艺复兴之前，欧洲中世纪在某些方面并不像我们想象的那样落后。这是事实：纸由中国人发明，但在 13 世纪，欧洲出现了机械造纸；有利于知识的保存和传输的印刷术由中国人发明，但从未像在欧洲一样引起"知识爆炸"；火药由中国人发明，但中国人制造的火药一直都是粉末状的，威力巨大的颗粒状炸药由欧洲人发明。另外，欧洲人发明了计量器、测微器和齿轮切割器等精密仪器；由于机械和精密器具的使用，欧洲人的作坊很早就开始向大规模生产迈进。虽然中国南宋时也发明了多种传动装置、计量器、活塞和摆动装置,但这些并未投入使用。欧洲人最早将动力的使用引入各个行业,这是唯一以动力为基础的早期文明。总之,欧洲中世纪并不像人们想象的那样黑暗,17 世纪前后的科技革命并非是在突然之间发生的。

欧洲发生工业革命和科技革命的原因主要是:其一,欧洲国家较早孕育了民主制,其政权对内具有较少的掠夺性。13 世纪,议会制在英国出现(这正好是蒙古人灭掉南宋的时间);14 世纪,英国出现了上、下两院,其中上院代表贵族利益,下院代表骑士和市民的利益。同一时期,法国出现了分别代表教士、贵族和市民的"三级会议"议会制。其二,欧洲大多数国家对于私人产权提供较好的保护,从而导致其国内市场发展比较完善,国内交易成本较低。在罗马时代,私人产权和法人团体制度就以法典的形式被确立。其三,农奴制的瓦解为工业革命和结构转型提供了劳动力支持。14 世纪,阻碍结构转型和经济发展的农奴制在英国瓦解,然后在法国瓦解,17 世纪和 18 世纪分别在德国和俄国瓦解。其四,在中世纪末期,欧洲人口显著增多,导致城市化水平有所提高,各城市出现了较发达的工场手工业,其经济结构已开始从农业向手工业过渡。其五,表面分裂的欧洲各个国家之间存在大量的贸易和要素流动,并与全世界保持了大量的国际贸易,虽然各国人口不多,但作为一个整体,欧洲人口总量并不小。

由前文可知,中国在元明清三朝均没有机会发生科技革命和工业革命,只有南宋,还多多少少存在一些可能性,但南宋仍然没有发生。这是为什么呢?如图 5.1 所示,我们认为,南宋之所以没有发生工业革命,主要是受以下几个条件制约:其一,虽然南宋崇尚文治,尊重知识分子,激发了文官士大夫参政议政的热情,并出现了正直大臣敢于上书直谏批评朝政的民主局面,但两宋仍承袭了前朝专制主义的官僚体制,士大夫的政策主张能否为朝廷采纳,依赖于皇帝和权臣的开明和喜怒,相互制衡的民主氛围始终没有形成,许多有才能的文武官员仍受权臣排挤或压制，或得不到任用。其二，南宋对于工商业的支持仍十分脆弱，官府对商人财产权的保护依赖于官员的正直和廉洁，虽然朝廷制定了多项"护商"和养商措施，但官员侵害商人利益的情形仍经常发生，许多地方官员采用重复征税或提高税额等手段刁难工商业者，那些无官方背景的工商业者常处于被排挤状态。其三，官本位文化在南宋仍占主流地位，官员利用手中权力可获得可观的寻租收益，科举制正好为各阶层精英通向摄取寻租利益的官场打开了通道，结果，许多民间的知识精英被南宋的官僚体制所吸纳，于是，南宋的专业性科研人才十分短缺（北宋时期，即便是像沈括这样的大科学家，仍热衷于在官场和战场上建功立业，南宋也是如此）。专业性科研人才的短缺导致技术供给不足，产业链无法向纵深推进，于是，南宋的经济结构只能始终停留在手工业和轻工业，资本集密型的中间产品工业在南宋始终没有出现，而稍后的欧洲很早就开始向机械文明和动力文明转变。其四，北宋的采煤和冶铁基地多集中于北方，南宋失去了北方煤铁基地，南方又缺少煤铁资源，结果，南宋的重工业很不景气，农业初级品仅可为轻工业提供原料，于是，南宋的工业结构为"重工业发展不足，轻工业超常发展"。这种畸形的工业结构显然不利于南宋国防兵器工业的发展。由于没有煤铁工业的支持，南宋常规兵器制造始终面临原材料不足的问题，新发明的管形火枪和火炮也没有被大规模制造和装备。没有煤铁工业的支持，南宋的防御体系也显得十分薄弱，尤其是荆襄江淮防线。襄阳被围，就立即陷入孤立无援的境地，襄阳被突破，整个国家就面临崩溃。重工业基础薄弱削弱了南宋的军工实力，这或许是南宋覆亡的原因之一。纵观世界历史，在英国和德国发生的工业革命都是从煤铁革命开始，荷兰、葡萄牙和西班牙由于没有煤铁革命的支持，其商业繁荣仅仅维持了极短的一段时间。

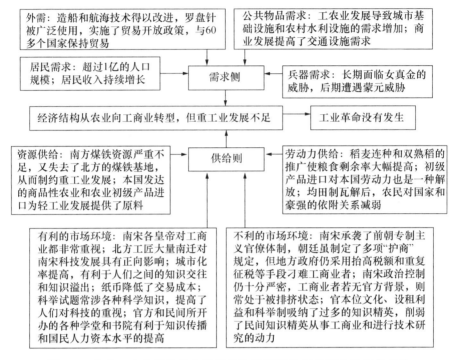

图 5.1　南宋工商业繁荣的有利条件和没有发生工业革命的制约条件

第五节　对当代中国经济奇迹的解释

本章模型证明，大国可能因拥有较大的人口规模和资源数量而获得竞争优势，但这并没有必然性。较大的人口规模可以对大国分工的广度与深度、产业链的完整性、市场规模和技术创新等方面形成支持，但如果大国没有很好地利用这种优势，则大国仍有可能变成穷国，从而陷入"大国经济发展陷阱"。中国上下五千年由盛转衰的历史证明了这一论点。当代中国的崛起同样可以使用这一模型来解释。

中国是一个人口大国，也是一个资源大国，但若按人口平均计算，资源并不十分丰富。在改革开放前夕，中国农村人口有 7.9 亿，城镇人口有 1.72 亿。由于户籍与职业相联系，农村户籍人口向城市或工业转移存在非常大的壁垒；由于意识形态问题，中国基本断绝了与资本主义世界的贸易往来；由于实施公有制和计划经济，价格机制无法发挥作用，于是，无论是农村集体经济，还是国有经济，其效率都不是很高，中国社会由此出现了各种较严重的物资短缺现象，在局部年份甚至出现了较严重的饥荒问题。显然，若按人均收入计算，当时的中国只能算是一个穷国。

1978 年，中国政府在农村实施联产承包责任制，允许农民将多余的粮食和农作物出售，于是，农民的生产积极性立即被调动起来，生产效率和农业产量都出现大幅度提升，由此解决了一直困扰当局的粮食安全问题，同时也解放了大批农村的剩余劳动力。粮食问题被解决之后，从农村解放出来的剩余劳动力就必须有一个合适的职业转型，他们中的一部分或种植经济农作物，或转向小型个体工商业。那些最早走向市场的农民大多成为当地最先富裕起来的农村"万元户"。

与此同时，中国在深圳、珠海、汕头和厦门设立 4 大沿海经济特区，作为对外贸易和吸引外商投资的窗口。外资进入和政策放开使市场机制得以在特区建立起来。在短短的几年之内，特区经济就取得了巨大的成功。由于外资溢出效应的影响，许多内地人也开始在特区或其他地区投资设厂。特区的经济繁荣产生了巨大的用工需求。正好这时，农村也有大批剩余劳动力。于是，内地农民工大量向沿海经济特区转移，从而解决了特区劳动力供给不足的问题。可见，改革开放之后，中国最早的经济结构转型是由农村剩余劳动力流动和特区的外资进入所引起的。

在特区经济获得成功的同时，内地农村经济也在发生变化。在与外界长期经济交往过程中，一些有远见的农民发现了新的商机，但是，他们没有资金，并且存在政策上的进入壁垒，他们不得不利用乡镇和村级平台，办起乡镇企业。20 世纪 90 年代前后，是中国乡镇企业蓬勃发展的几年。虽然乡镇企业仍存在诸多产权问题，但较之国有经济，仍有较多的优势：其一，在机制上比较灵活；其二，所吸纳的是当地的农村剩余劳动力，这些劳动力目标单纯，容易管理，而且有季节性。邓小平发表"南方谈话"之后，各种政策上的进入壁垒逐渐被解除，民营经济开始在全国全面崛起，而乡镇企业则由于产权问题退出了历史舞台。之后，中国的经济体制改革从农村转移到城市，从 4 大经济特区转移到沿海和全国全面开放，从经济领域转移到政府的职能转换。中国经济终于迎来持续 40 多年的高速发展。中国从一个贫穷的国家变成了全球第二大经济体，人均收入从 1978 年的 300 多美元上升到现在的 4000 美元左右，进入中等收入国家行列。

运用本章模型，对于中国经 40 年的持续发展由穷国变为中等收入国家这一"奇迹"，我们的解释如下：

其一，人口规模较大是中国经济持续发展的基础性条件。改革开放初期，中国有将近 9.6 亿人口。根据本书各个模型，较大的人口规模可以从需求和供给两个维度支持劳动分工向纵深发展，支持该国拥有完整的产业链，支持该国拥有更多的知识溢出和技术创新机会。改革开放 40 多年来，中国许多产业从零开始，一步步做到了全球最大。各产业做大之后，又不断地延伸其产业链，使产业链本地化。经过数十年的发展，中国终于拥有了相对完整的工业体系。这种完整的产业链和工业体系产生了巨大的协同效应，并对全球制造业产生了较全面的吸引力，由此使中国在某些重要领域拥有非常强大的竞争力。很显然，这种完整产业链和工业体系的优势在相当程度上来源于中国国内非常大的人口规模。小国不可能拥有这样的竞争优势。最近，美国政府发动了对中国的贸易战，虽然中国经济确实受到损害，但并未像特朗普所预测的那样崩溃。这表明大国经济确实拥有全产业链的韧性，能够应对一定的外部冲击。

值得注意的是，一国人口规模的优势会被该国人均资源数量不足和滞后的经济结构所抵消。中国有 960 万平方公里的土地，但多为山地、高原、沙漠和戈壁，这些都不是合适的农业用地，因此，中国按人口平均的农用地并不多。改革开放之前，中国经济结构以农业为主，9.6 亿人口中有 7.9 亿从事农业活动。即便有如此之多的农民，但仍然养不活 9.6 亿人口，这主要是因为集体所有制下的农民存在"吃大锅饭"和"搭便车"的思想。1978 年，中央决定，经济体制改革从农村起步，由此农民的生产积极性被激发出来，近 10 亿人口的吃饭问题终于被解决，同时，由于农民工作效率的提高，在农村中出现了一大批剩余劳动力。这些农村剩余劳动力急需寻找出路。中央实施改革的第二步是，开放 4 大沿海经济特区。改革开放初期的中国，工业基础非常薄弱，加上政策上的进入壁垒，从农村解放出来的剩余劳动力无法被工业和城市所吸收。特区开放引来了大批外资企业，从而大幅度提高了对劳动力的需求，农村剩余劳动力正好满足了这种需求。随后，受外资溢出效应和国内经济体制改革的影响，国内其他地区也出现了一批乡镇企业和私营企业，这些企业吸收了更多的农村剩余劳动力。于是，中国的经济结构不知不觉地从农业向工商业转型，一方面，农业人口减少了，另一方面，工业人口有所增加，中国经济由此获得快速的增长。同时，由于工业活动占地较少，土地资源不足的矛盾也被解决了。可见，虽然人均土地资源不足削弱了早期中国的优势，但随着中国经济结构从农业向工商业转型，中国经济对土地的依存度越来越低，这就使中国经济突破了资源不足的瓶颈，从而走上了快速发展的轨道。

其二，对外开放对于中国赶上发达国家具有重要的贡献。本章模型表明，国际贸易对于各个参与国均具有正向影响，但落后国家和小国从国际贸易中获得的利益更多。改革开放之初，中国是典型的落后国家，4 大经济特区的设立使中国得以参与到全球贸易和分工的大体系中。在频繁的国际贸易中，中国既获得了比较优势，也获得了内生分工的优势。1992 年，邓小平视察南方时看到了深圳特区改革开放的成果，将深圳经验扩大到了全国，1998 年，中国加入世界贸易组织，中国的外贸额度持续扩大，中国参与全球分工的程度越来越深，中国与发达国家的收入差距也得以持续缩小。另一方面，由于改革开放，中国可以从其他国家进口大量的农产品和矿产品，这就使中国可以有更多的劳动力专精于工业制造，从而有利于缓解人均土地和资源不足的矛盾，使中国的经济结构从农业和资源型产业向制造业和服务业转型。可见，对外开放也有利于经济结构的转型和升级。

其三，改革开放促进了国内市场的发育，降低了市场交易成本。本章模型表明，国内市场交易成本的降低会显著增强本国经济的竞争力，并吸引其他国家的经济活动向本国转移和集聚。改革开放以来，中国国内市场的交易成本大幅度下降，一方面，经济体制改革改善了市场的交易效率，降低了制度性的交易成本；另一方面，交通工具与交通设施的改进使空间运输费用大幅度下降。交易成本下降和市场改善显著扩大了劳动分工的深度和广度，并激发了民间创新与创业，由创新驱动的新企业大量吸纳各种类型的劳动力，从而促使经济结构从低端产业向高端产业转型。本章模型表明，交易成本下降会显著增强市场的活跃度，从而促进分工和技术创新，增强新型产业对劳动力的吸纳能力。从 1995 年至 2016 年，中国专利授权数从 4.5 万件增加到 175.4 万件，这一过程与中国国内市场的改进和交易费用的下降正好同步而行。

其四，政府职能转换和对教育的重视使中国劳动力的素质得以大幅提高，并支持中国经济从传统产业向新型产业转型。改革开放之前，中国的经济结构被政府管制、计划经济和户籍制度锁定。改革开放减弱了政府对经济的控制，打破了多个行业的进入壁垒，人们对自己职业选择的自由度显著提高，一部分人开始从传统产业进入工商业。另一方面，由于政府权力减弱，到政府部门工作不再像过去那样富有吸引力，一部分受教育程度较高的精英人才更愿意选择进入实业界和从事科学技术研究。于是，在中国的劳动力结构中，熟练劳动力和科研人才的比重在上升，这显然有利于科学技术的创新和新产品、新企业的出现。这些新企业的出现又会吸纳更多从传统产业中转移出来的剩余劳动力，这就更加有利于经济结构从传统产业向新型产业转型和升级。1978 年以来，中国恢复了高考制度，此后，中国国民的平均受教育程度也越来越高，由于政府权力有所减弱，优秀的年轻人不再迷恋到政府部门任职，他们越来越倾向于选择工科专业，这一类人所占比重的增加也有利于技术创新和由此引起的新型产业转型。

前几年，"中兴事件"持续发酵，这从一个侧面反映了当前中国工业竞争力的脆弱性。根据本章模型，大国凭借其较大的人口规模可获得相对完整的产业链和工业体系的优势。然而，"中兴事件"表明，大国的完整产业链优势并没有必然性，若大国优势没有得到较好的发挥，则出现"大国发展陷阱"也是有可能的。为什么中国正好在高科技领域出现了"大国发展陷阱"？我们认为原因主要有以下几个方面：其一，中国从改革开放之初一路走来仅仅40多年，早期主要依靠比较优势从国际分工中获取好处，然后凭借大国的人口规模优势逐步在比较优势的基础上使产业链本地化，由此中国在某些行业获得了完整产业链的优势，但完整产业链的形成有一个过程，当前中国在某些高科技领域仍未获得产业链优势，尤其是没有掌握产业链中的核心技术，这是一种正常现象。虽然华为公司提供了一个产业链相对顽强的案例，但这并不意味着中国高科技整体产业链已具有同样的韧性。其二，中国"万众创新"的局面尚在建设之中。核心技术的创新既要有产业链本地化的协同效应支持，更需要有一套支持民间和企业创新的制度安排。中国改革开放不断向前推进大幅度降低了市场交易成本，极大地释放了民间创新力，但中国市场机制仍不健全，地方保护主义、商业信用缺失、行政干预过多和专利保护不力等现象仍存在，这使中国国内市场的交易成本仍然较高，故党中央提出要进一步推进改革，营造"万众创新"的新局面。其三，改革开放以来，中国的经济结构转型从农业到制造业，再到高科技，但高科技领域的创新需要有较长期的知识积累，由于行政领导仍控制着一定的经济资源和科研资源，故中国的部分科学家在成名之后，被转移到行政领域，这是对科学家资源的一种浪费。若中国能进一步削弱行政机关对资源和人才的控制力，减弱社会对官本位文化的崇拜，大幅度提高科学家的社会地位和经济地位，或将有利于引导高层次人才向高科技领域转移，从而有利于核心技术创新。其四，中国的民主集中制相对于西方的政党竞争制度具有明显的效率优势，这一优势保证了中国改革开放稳步向前推进，但这一制度仍存在改进空间。如果中国在官员任免和用人制度上参考宋朝的"保荐人制度"，那么对于降低反腐成本、选拔专业化的行政人才、弱化行政机关对人才和资源的控制力都会有一定的帮助，这或将有利于减弱科学家向行政领域转移的动机，从而促进科学技术创新。

第六节　结　　论

本章在空间一般均衡框架下对"李约瑟之谜"进行了解释。与传统建模方法不同的是，我们在模型中引入了一组非对称因素，并将这些非对称因素结合在一起，试图为"李约瑟之谜"的解释提供坚实的数理基础。在此基础之上，我们对"李约瑟之谜"的四个子命题进行了解说。

人口规模对于"李约瑟之谜"具有一定的解释力。较大的人口规模对于一个国家的发展水平确实具有一定的正向影响，但该种影响的大小受限于两个条件：其一，该国的人均资源和土地占有量没有因人口规模过大而变得太少，该国人口规模仍在"马尔萨斯陷阱"可容忍的范围之内。清乾隆之后，中国人口急剧膨胀，超出了"马尔萨斯陷阱"，结果本来就已走上下坡路的中国变得更加贫穷。其二，贸易开放和国家之间运输成本的降低会使国家之间的收入差距收敛到一个更小的水平，而贸易封锁则会使一个国家孤立于世界文明的发展之外。唐宋时代，中国较西方远为发达，中国与周边国家的贸易不仅使本国获益，也带动了周边国家的发展。不过，当时的中国与欧洲只有较少的贸易，于是，中国凭较大的人口规模得以领先于西方。从十五六世纪开始，欧洲开始了以贸易为目的的远洋航行，并爆发了工业革命，而此时的中国选择了闭关锁国的海禁政策，于是，中国便被排除在世界文明的大门之外了。

　　单纯的资源和地理因素对于理解"李约瑟之谜"有一定帮助，但不是主要的解释因素。对土地资源的理解应从要素结构和相对价格效应入手，着重考察支持或阻止经济结构转型的各种条件。优越的地理环境和丰富的资源会显著提升一个国家的人均实际收入。早期文明大多发展于土地肥沃的河流沿岸。与河流文明相适应的是农业文明。对于工业文明而言，能源和金属矿区、港口位置和海岸线长短可能更重要。不过，如果从人均资源占有量和要素禀赋结构的角度考虑，绝对资源量可能不是一个重要因素。晚明和清康乾时代，中国人口分别达到 1.9 亿和 3 亿，其土地面积也达到了非常大的数量，但巨大的人口规模导致人均资源占有量急速下降，中国由此陷入"马尔萨斯陷阱"。当时的社会并未在要素结构的挤压和驱动下从农业向工商业转型，其原因值得深思。然而，南宋以极其狭小的土地面积和资源量支撑了 1 个多亿的人口，并得以富甲天下，其原因是经济结构发生了从农业向手工业的转型。这一相异结果给我们的启示是，虽然人均资源量对于该国经济发展水平具有重要影响，但是，若该国能适时实现经济结构从农业向工商业的转型，则可能会出现相反的结果。南宋实现了经济结构向非农产业的转型，所以，它可以解决土地数量不足的问题，但南宋没有解决煤铁资源不足的问题，这在相当程度上又制约了南宋的重工业发展。明朝仅仅在江南出现了一些商业转型，所以，它存在贫困与富裕并存的情况。清康乾时代退回到农业社会，于是就出现了盛世之下的遍地贫穷。

　　制度因素对于"李约瑟之谜"具有较强的解释力。这可以从三个方面来理解：其一，国内市场的改善和交易成本的降低会显著提升一个国家的竞争力。中国汉唐和两宋一直实施黄老经济政策，重视市场机制的作用，而欧洲社会所实施的是农奴制和庄园制，中国的商业经济由此领先于欧洲。其二，国家对生产要素的控制会显著降低一个国家的竞争力。宋灭亡后，中国元、明、清政府均对资源实施强有力的控制，元政府把手工业和贸易都收归官办，由此导致民间手工业凋零。明朝对生产要素的控制有所放松，但仍实施严格的路引和户籍制度，这在相当程度上扼杀了工商业的活力，并抑制了经济结构转型。清政府进一步强化对人口的控制，并重新把各行各业纳入政府的管制之下，于是，中国的经济结构重新从手工业退回到农业社会，城市化水平也进一步降低。而此时的欧洲已经摆脱了封建领主的控制，开始从农业向近代工业转型，欧洲由此向前高歌猛进，把中国远远甩在了后面。其三，寻租型的国家管理体制通常会损害一个国家的竞争力。寻租利益的存在会强化一个国家的官本位文化，从而将该国的知识精英都吸纳到官僚体制中，削弱该国商业人才和科研人才的力量。中国古代强大的官僚体制一直给予官僚阶层特权收益，即便开明的南宋亦未能跳出这一现象，这导致南宋始终无法产生支持技术创新的高级科研人员群体，也无法滋生支持工商业发展的企业家精神，这可能是南宋无法向近代工业转型的"硬伤"。

第六章

大国效应理论的经验分析

前面章节证明了大国效应的存在性。甚至当大国人均实际收入因人口规模过度扩张导致人均土地资源量不足，由此使得要素结构出现失衡时，经济结构转型仍可缓解或克服人均资源量的不足，从而继续维持大国效应的存在性。然而，现实中存在许多大而贫穷的国家，而许多中小国家反而处于高收入国家的行列。给人的感觉是，贫穷还是富裕，似乎与国家规模的大小并无直接关联。本章将运用动态面板数据对理论模型的结论进行经验检验。我们主要检验国家规模与国家之间收入差距的关系。本章的结构安排如下：第一节是引言。第二节是理论分析。鉴于许多学者怀疑理论模型的推导是否正确，所以，本节将模型中各个公式的推导过程全部呈现出来，供读者批判。第三节是经验研究。我们采用世界银行数据、运用动态面板 GMM 估计对理论模型的结论进行检验。第四节是结论。

第一节　引　　言

当前，全世界共有 200 多个国家，这些国家或穷或富，若按人均收入水平计算，穷国与富国之间的差距在百倍以上。为什么国家之间的收入差距会如此之大？对于这一问题，一直都没有什么令人信服的解释（Samuelson，1971）。在索洛（Solow，1956）那篇划时代的论文之后，由宇泽弘文（Uzawa，1965）和卢卡斯（Lucas，1988）发展的人力资本模型，常常被认为对于国家之间的贫富差距具有较强的解释力。然而，从各国劳动者的人均受教育时间看，我们并未发现穷国与富国之间会有如此之大的差别。如果单纯的人力资本即可解释国家之间的贫富差距，那穷国为什么不可以通过大规模的教育投资追赶上富国呢？另一个值得注意的事实是，虽然各国人口在国内的工资收入可能因人力资本差异而有所不同，但拥有相同人力资本的劳动者在不同国家的工资率往往相差更大。同一个人在不同国家的生产率亦有可能大不相同。可见，将国家之间的贫富差距归结为人力资本差异多少有些牵强附会。人力资本差异充其量也只能部分地解释国家之间的贫富差距。

另一个被认为可以解释国家之间贫富差距的模型是知识溢出模型。对于知识溢出与经济增长的关系，Romer（1986）、Grossman and Helpman（1991）和 Helpman（1999）提供了较早的一批文献，这些文献的一个重要假设是，知识一经发现，便立即外溢于全球，于是，全球经济出现持续增长。Martin and Ottaviano（1999）认为，如果 R&D 溢出是全球性的，则经济增长与企业区位无关，这种全球性的知识溢出显然不能解释国家之间的收入差距，然而，如果 R&D 溢出仅限于局部地区，则溢出行为必然促使产业向 R&D 成本较低的地方集聚，进而刺激核心区域的经济增长。Martin and Ottaviano（2001）的研究进一步表明，创新活动会通过前向关联促进产业集聚，然后反过来又降低了交易成本和创新成本，从而促进经济增长，集聚与增长之间存在因果累积循环效应。Baldwin et al.（2004）、Dupont（2007）、Cassar and Nicolini（2008）也证明了局部性的知识溢出有利于经济增长的观点。显然，局部性知识溢出模型确实在相当程度上有助于解释国家之间的贫富差距，但是，知识溢出效应极有可能与人口规模存在正相关关系。因此，局部性知识溢出的一个潜台词就是，人口规模与国家之间的收入差距可能具有正相关关系。

　　出于对"李约瑟之谜"和国家兴衰的好奇，近年来，一些经济学家和历史学家分别从地理学、文化学和国家制度等角度对国家之间穷富变化的终极原因进行了大量研究。Blaut（1993）、文贯中（2005）等认为，地理环境是造成各国贫富如此悬殊的根本性原因。这种解释的难点在于，为什么有些自然条件极其相似的国家，其收入差距会如此之大？这样的例子举不胜举（比如韩国和朝鲜）。另一些经济学家认为，国家极权主义对经济的控制是导致某些特定国家落后的最关键原因。这种观点极容易滑向"地理环境决定论"。在河流文明中，控制粮食的大权落到那些拥有河流和运河的人手中，控制粮食者就成为万民之王（Landes，1998），于是，极权主义的国家制度就诞生了。由于大河大江的流域面积较大，因此，通过控制河流形成的国家，其规模通常较大。Acemoglu and Robinson（2012）提出，国家政权的类型是导致国家之间贫富如此悬殊的最根本原因，这主要是因为，包容性政治制度鼓励公民参与，有利于激发民间的生产积极性，相比之下，攫取性制度则可能导致生产激励不足和遏制创新（Acemoglu and Ventura，2002）。更多的经济学家倾向于认为，自由市场制度和财产权制度才是国家之间贫富差距扩大的主要原因。由于极权主义的国家制度常常是自由市场制度的最大破坏者，因此，极权主义国家和市场制度不完备的国家就变成了落后国家。在现实中，我们确实看到，自由市场在民主国家似乎发展得更好，但非民主制度并非与自由市场不相容。墨西哥、巴西、新加坡都不是民主国家，但这些国家的自由市场制度都建立起来了。自由市场制度与国家规模亦无必然联系。美国、日本都是人口过亿的大国，但这两个国家都拥有非常发达的自由市场制度，两国也相当富庶。

　　林毅夫（2012）在破解"李约瑟之谜"时提出了一种有趣的观点：一个国家的人口规模和资源禀赋结构对于该国经济发展具有重要影响。在前现代社会，技术发明主要依靠经验试错的方式取得，于是，人口数量就成为一个国家的优势。依从于经验试错的技术发明发展到一定阶段后，会遭遇技术瓶颈。这就要求有方法论上的创新才能使技术分布曲线向右扩展。于是，在西方世界就发生了科学革命和工业革命。

综合以上文献，我们可以归纳出如下一些观点：其一，地理环境是各国贫富差距形成的终极原因。从长期看，一个国家的人口规模、政治制度和市场发育程度都内生于该国的地理环境。其二，人口规模与一个国家的知识存量规模和知识溢出程度均具有相关关系，并将进一步对该国的技术发明、人力资本质量和人均收入差距产生影响。其三，一个国家的产业结构从属于其要素禀赋结构。某些国家的制度设计可能会妨碍科学家群体(研究型人力资本)这种特殊生产要素的形成，于是，这些国家的要素禀赋结构无法支持产业结构向工业社会转型。其四，国家权力的分配方式对于各国贫富差距具有非常直接的影响。市场的发育、人力资本的形成、知识溢出的强度无不与之密切相关，而这些又常常共同内生于各国的地理环境和人口分布方式。

本章在空间一般均衡框架下将人口规模、国土面积、国际贸易成本和国内交易成本等因素纳入模型，分析各种因素对各国人均实际收入和贫富差距的影响。本章模型的创新主要体现在如下几个方面：其一，在方法论上，我们采用了非对称的建模方法，假设各个国家的人口规模、土地面积、技术水平、国内交易成本系数和各种要素对产量的影响系数都不相同，这种非对称假设使我们可以更加清晰地分析各种不同因素对国家之间收入差距的影响。其二，人均土地占有量较少是产生拥塞的一个重要原因，我们将土地要素引入空间一般均衡模型，假设所有生产和消费活动都必须使用土地和占用空间，在有限土地上劳动与企业的持续增加必然会导致边际收益递减规律发挥作用，从而导致地租率上涨并产生拥挤效应。这种对拥挤效应的处理方法非常符合一般均衡的处理原则。其三，为了考虑制度对经济增长和收入差距的影响，我们将差异化的交易成本引入空间一般均衡模型，模型的结果表明，交易成本对于国家之间的贫富差距具有重大影响。

第二节 理 论 分 析

国家之间的贫富差距受多种因素影响，这些因素之间存在相互作用，只有在一般均衡框架下，这些不同的因素才能被整合在一起。我们对模型的产业环境进行如下设定：消费者消费两种类型的物品（差异化的系列制造品和一定数量的国土面积）；生产制造品必须投入三种生产要素（劳动、土地和系列中间产品）。本章主要讨论国家之间的贫富差距，这种差距一般是由各种外部因素产生的，我们采用非对称模型将各种非对称的外生因素引入。我们在 Constant Elasticity of Substitution 函数和 Cobb-Douglas 函数嵌套的效用函数和生产函数中处理这些现象。

1. 假设

考虑两个土地面积和人口规模均不相等的国家，假定人口不可以在各个国家之间自由流动，土地在所属国全部人口中平均分配。经济系统中存在大量的潜在产品，各国产品可以在不同国家之间自由地贸易和移动，但商品在国家内部和国家之间的移动都必须支付运输成本和交易成本。消费者对于工业品和土地的消费遵循 Cobb-Douglas 偏好，对差异化产品的需求遵循 CES 子效用函数。假定代表性消费者（以国家 r 为例）的效用函数和预算约束为：

$$\max U_{ri} = \left(\left[\int_0^{\lambda n} \left(\frac{B_{rii}}{t} \right)^\rho di + \int_0^{(1-\lambda)n} \left(\frac{B_{risj}}{T} \right)^\rho dj \right]^{1/\rho} \right)^\gamma H_{riR}^{1-\gamma},$$

$$\lambda \in [0,1], \quad \gamma, \rho \in (0,1), \tag{6.1}$$

$$\text{subject to} \quad w_{ri} + \frac{R_r}{L_r} p_{rR} = \lambda n p_{ri} B_{rii} + (1-\lambda) n p_{sj} B_{risj} + p_{rR} H_{riR}.$$

假定生产 i 产品的制造企业的目标函数和技术约束（生产函数）为：

$$\max \pi_{ri} = p_{ri}q_{ri} - \left[\lambda n p_{ri} Z_{rii} + (1 - \lambda) n p_{sj} Z_{risj} + w_{ri} l_{ri} + p_{rR} A_{riR} \right],$$

$$\text{subject to} \quad q_{ri} = \left[\int_0^{\lambda n} \left(\frac{Z_{rii}}{t} \right)^{\rho} di + \int_0^{(1-\lambda)n} \left(\frac{Z_{risj}}{T} \right)^{\rho} dj \right]^{\phi/\rho} l_{ri}^{1-\phi-\chi} A_{riR}^{\chi},$$

$$\lambda \in [0,1], \quad \phi, \chi, \rho \in (0,1),$$

$$C_{ri} = (f + \alpha q_{ri}) P_r, \quad f, \alpha > 0.$$

$$(6.2)$$

产品市场的出清条件为：

$$q_{ri} = L_r B_{rii} + L_s B_{sjri} + \lambda n Z_{rii} + (1 - \lambda) n Z_{sjri}. \tag{6.3}$$

土地市场的出清条件为：

$$L_r H_{riR} + \lambda n A_{riR} = R_r. \tag{6.4}$$

$$L_s H_{sjR} + (1 - \lambda) n A_{sjR} = R_s. \tag{6.5}$$

两国劳动力市场的出清条件分别为：

$$\lambda n l_{ri} = L_r. \tag{6.6}$$

$$(1 - \lambda) n l_{sj} = L_s. \tag{6.7}$$

根据相互需求理论，国际贸易的平衡条件为：

$$\left[(1 - \lambda) n L_r B_{risj} + (1 - \lambda) n \lambda n Z_{risj} \right] p_{sj}$$

$$= \left[\lambda n L_s B_{sjri} + \lambda n (1 - \lambda) n Z_{sjri} \right] p_{ri}. \tag{6.8}$$

2. 模型的求解

在预算约束条件下对效用函数，即式（6.1）求一阶最大化，可得到消费者的个人需求对价格的反应函数：

$$B_{rii} = \frac{\gamma \left(w_{ri} + \frac{R_r}{L_r} p_{rR} \right) t}{n \lambda p_{ri} t + (1 - \lambda) n p_{sj} T \left(\frac{p_{ri} t}{p_{sj} T} \right)^{\frac{1}{1-\rho}}},$$

$$B_{risj} = \frac{\gamma \left(w_{ri} + \frac{R_r}{L_r} p_{rR} \right) T}{\lambda n p_{ri} t \left(\frac{p_{sj} T}{p_{ri} t} \right)^{\frac{1}{1-\rho}} + (1 - \lambda) n p_{sj} T},$$

$$H_{riR} = \frac{(1 - \gamma)\left(w_{ri} + \dfrac{R_r}{L_r}p_{rR}\right)}{p_{rR}}. \tag{6.9}$$

对企业的目标函数求最大化，可得厂商对要素的需求对价格的反应函数：

$$Z_{rii} = \frac{\phi p_{ri}q_{ri}t}{(1 - \lambda)np_{sj}T\left(\dfrac{p_{ri}t}{p_{sj}T}\right)^{\frac{1}{1-\rho}} + \lambda np_{ri}t},$$

$$Z_{risj} = \frac{\phi p_{ri}q_{ri}T}{\lambda np_{ri}t\left(\dfrac{p_{sj}T}{p_{ri}t}\right)^{\frac{1}{1-\rho}} + (1 - \lambda)np_{sj}T}, \tag{6.10}$$

$$l_{ri} = \frac{(1 - \phi - \chi)p_{ri}q_{ri}}{w_{ri}}, \quad A_{riR} = \frac{\chi p_{ri}q_{ri}}{p_{rR}}.$$

将厂商 i 对劳动的需求函数 $l_{ri} = \dfrac{(1 - \phi - \chi)p_{ri}q_{ri}}{w_{ri}}$ 代入大国人口方程，即 $\lambda n l_{ri} = L_r$，可得到人口方程的转换形式：

$$q_{ri} = \frac{L_r w_{ri}}{(1 - \phi - \chi)\lambda np_{ri}}. \tag{6.11}$$

最大化条件暗示零利润条件，即 $\pi_{ri} = p_{ri}q_{ri} - (f + \alpha q_{ri})P_r = 0$，由此可得厂商 i 的供给函数：

$$q_{ri} = \frac{fP_r}{p_{ri} - \alpha P_r}. \tag{6.12}$$

在市场出清条件下结合式(6.11)和式(6.12)，可得：

$$p_{ri} = \frac{\alpha L_r w_{ri}P_r}{L_r w_{ri} - (1 - \phi - \chi)\lambda nfP_r}. \tag{6.13}$$

将式(6.9)和式(6.13)代入式(6.1)式中的效用函数，再对 n 求一阶条件，可得：

$$n = \frac{(1 - \rho)L_r w_{ri}}{(1 - \phi - \chi)\lambda fP_r}. \tag{6.14}$$

将式(6.14)代入式(6.13)，再将所得式代入式(6.12)，可得：

$$p_{ri} = \frac{\alpha P_r}{\rho}, \quad q_{ri} = \frac{\rho f}{(1-\rho)\alpha}. \tag{6.15}$$

同理，可求得：

$$n = \frac{(1-\rho)L_s w_{sj}}{(1-\mu-\theta)(1-\lambda)g P_s}, \quad p_{sj} = \frac{\alpha P_s}{\rho}, \quad q_{sj} = \frac{\rho g}{(1-\rho)\alpha}. \tag{6.16}$$

由两国土地方程(6.4)和(6.5)，可求得大国的地租率：

$$p_{rR} = \left(\frac{\chi}{1-\phi-\chi} + 1 - \gamma\right)\frac{L_r w_{ri}}{\gamma R_r}, \quad p_{sR} = \left(\frac{\theta}{1-\mu-\theta} + 1 - \gamma\right)\frac{L_s w_{sj}}{\gamma R_s}. \tag{6.17}$$

将式(6.4)代入式(6.2)中的生产函数，再将式(6.14)、式(6.15)和式(6.17)代入，可得如下关系式：

$$\left(\frac{w_{ri}}{P_r}\right)^{1-\frac{\phi}{\rho}} = \left(\frac{1-\rho}{\lambda f}\right)^{\frac{\phi}{\rho}-\phi}\left(\frac{\phi}{t}\right)^{\phi}\left[(1-\lambda)\left(\frac{P_r t}{P_s T}\right)^{\frac{1}{1-\rho}-1} + \lambda\right]^{\frac{\phi}{\rho}-\phi}$$

$$\cdot \left(\frac{\alpha}{\rho}\right)^{1-\phi}\frac{(1-\phi-\chi)^{1-\frac{\phi}{\rho}}(\chi\gamma R_r)^{\chi}L_r^{\frac{\phi}{\rho}-\phi-\chi}}{(\chi+(1-\gamma)(1-\phi-\chi))^{\chi}}. \tag{6.18}$$

同理，可得如下均衡方程：

$$\left(\frac{w_{sj}}{P_s}\right)^{1-\frac{\mu}{\rho}} = \left(\frac{\mu}{\tau}\right)^{\mu}\left[\left(\lambda\left(\frac{P_s \tau}{P_r T}\right)^{\frac{\rho}{1-\rho}} + 1 - \lambda\right)\frac{1-\rho}{(1-\lambda)g}\right]^{\frac{\mu}{\rho}-\mu}$$

$$\cdot \left(\frac{\alpha}{\rho}\right)^{1-\mu}\frac{(1-\mu-\theta)^{1-\frac{\mu}{\rho}}(\theta\gamma R_s)^{\theta}L_s^{\frac{\mu}{\rho}-\mu-\theta}}{(\theta+(1-\gamma)(1-\mu-\theta))^{\theta}}. \tag{6.19}$$

结合式(6.16)和式(6.14)，可得：

$$\frac{L_r w_{ri}}{(1-\phi-\chi)\lambda f P_r} = \frac{L_s w_{sj}}{(1-\mu-\theta)(1-\lambda)g P_s}. \tag{6.20}$$

根据贸易平衡条件，即式(6.8)，有如下关系式：

$$\frac{\lambda L_s w_{sj}}{1-\mu-\theta}\left((1-\lambda)\left(\frac{P_r T}{P_s t_0}\right)^{\frac{1}{1-\rho}-1} + \lambda\right)^{-1}$$

$$= \frac{(1-\lambda)L_r w_{ri}}{1-\phi-\chi}\left(\lambda\left(\frac{P_s T}{P_r t}\right)^{\frac{1}{1-\rho}-1}+(1-\lambda)\right)^{-1}. \quad (6.21)$$

由式（6.18）至式（6.21）组成的方程组共有 4 个方程和 5 个未知数（P_r、P_s、w_{ri}、w_{sj}、λ）。我们选取 P_r 作为一般等价物，令 $P_s/P_r=P$、$w_{ri}/P_r=w_1$、$w_{sj}/P_r=w_2$。将其代入以上方程组，可减少 1 个未知数。于是，我们共有 4 个方程和 4 个未知数，解上述方程组可求得 4 个未知数的解。各国代表性消费者的人均实际收入（以效用测量）为：

$$U_{ri}=\frac{1-\phi}{L_r}\left(\frac{1-\rho}{\lambda f}\right)^{\frac{\rho}{\rho}-\gamma}\left(\frac{\rho}{\alpha t}\right)^{\gamma}\left[(1-\lambda)\left(\frac{t}{PT}\right)^{\frac{\rho}{1-\rho}}+\lambda\right]^{\gamma/\rho-\gamma}$$

$$\cdot\left(\frac{L_r w_1}{1-\phi-\chi}\right)^{\frac{\gamma}{\rho}}\left(\frac{(1-\gamma)R_r}{\chi+(1-\phi-\chi)(1-\gamma)}\right)^{1-\gamma}. \quad (6.22)$$

$$U_{sj}=\frac{1-\mu}{L_s}\left(\frac{\rho}{\alpha\tau}\right)^{\gamma}\left[\left(\lambda\left(\frac{P\tau}{T}\right)^{\frac{\rho}{1-\rho}}+1-\lambda\right)\frac{1-\rho}{(1-\lambda)g}\right]^{\gamma/\rho-\gamma}$$

$$\cdot\left(\frac{L_s w_2}{(1-\mu-\theta)P}\right)^{\frac{\gamma}{\rho}}\left(\frac{(1-\gamma)R_s}{\theta+(1-\mu-\theta)(1-\gamma)}\right)^{1-\gamma}. \quad (6.23)$$

将由式（6.18）至式（6.21）组成的方程组求得的 P、w_1、w_2 和 λ 值代入式（6.22）、式（6.23），可分别求得大国和小国的人均实际收入水平 U_{ri} 和 U_{sj}。

3. 人口规模对一般均衡的影响及其传导机制

由于上文中的方程组较为复杂，故我们借助数学计算软件对其进行数值模拟。运用此种方法求解出来的数值解等价于代数解。假定 $L_s=2800$，$f=g=10$，$\alpha=0.9$，$\gamma=0.92$，$\rho=0.72$，$\phi=\mu=0.14$，$\chi=\theta=0.08$，$R_r=R_s=1600$，$t=\tau=1.17$，$T=1.65$，以上各参数均保持不变，唯大国人口规模可变。以上数值假设表明，大国相对于小国，除人口规模之外，其他各方面的条件都相同。若大国因其人口较多而获得了较高的人均实际收入，则可以证明大国效应存在。我们将数值模拟结果报告如下：

表 6.1 向我们传递了如下两个结论：其一，大国人口规模对大国与小国人均实际收入差距的影响呈倒"U"形关系。当两国人口规模相等时，它们的人均实际收入也相等。随着大国人口增多，大国与小国之间的人均实际收入差距扩大。当大国人口规模达到某一特定值，两国人均实际收入差距达到最大，如果大国人口继续增多，它们的差距将逐渐缩小。当大国人口超出某一临界值（$L_r > 62690$），大国将丧失其优势，其人均实际收入下降到小国之下。其二，国家之间的运输成本是导致大国人均实际收入高于其他国家的重要原因。只有当国家之间的运输成本系数较大的时候，大国效应才有可能出现。当运输成本趋近于无穷大的时候，开放经济条件下大国与小国之间的人均实际收入差别等价于封闭经济模式。

为了弄清楚人口规模为什么会对大国与小国人均实际收入差距具有这种复杂的影响，我们有必要对人口变动影响国家之间收入差距的传导机制进行研究。从图 6.1 可以看出，大国人口增多首先会产生三个方面的影响：其一，生产要素的增加会直接使产品种类和生产企业的数量增加，进而使大国内部的分工程度深化；其二，新增消费者和新增企业对工业品产生了新的需求，不仅支持产品种类增加，而且使一种产品在本国的销售规模扩大，支持规模经济程度较高的产业在本国的发展；其三，新增消费者和企业会对土地产生新的需求，导致该国人均土地占有量减少，进而导致地租率提高和人均产出减少。大国产品种类的增加使消费者和生产者可在本国购买到更多的产品，从而节约更多的运输成本，并降低该国生活费用指数。同时，大国产品种类的增加也会对土地、劳动和工业投入品产生更多的需求。接着，工人工资、土地租金率和制造品的价格都会上升。这将会产生两种后果：其一，要素所有者（消费者）的名义收入会上升；其二，考虑到企业支付给要素所有者的收入同时又是

表 6.1　人口规模对一般均衡的影响

参数		封闭经济		开放经济					
L_r	R_r/L_r	$U_{ri}^{T\to+\infty}$	$U_{sj}^{T\to+\infty}$	U_{ri}	U_{sj}	λ	P_s/P_r	w_{sj}/w_{ri}	p_{sR}/p_{rR}
2800	0.5714	2.7842	2.7842	3.2464	3.2464	0.5000	1.0000	1.0000	1.0000
11900	0.1345	3.9244	2.7842	4.1642	3.9476	0.7953	0.8917	0.9757	0.2296
23500	0.0681	4.6120	2.7842	4.7814	4.5468	0.8798	0.8543	0.9793	0.1167
36100	0.0443	5.1064	2.7842	5.2406	5.0601	0.9160	0.8358	0.9888	0.0767
51200	0.0313	5.5478	2.7842	5.6579	5.5747	0.9377	0.8236	1.0008	0.0547
62690	0.0255	5.8208	2.7842	5.9186	5.9186	0.9477	0.8176	1.0095	0.0451
71300	0.0224	6.0012	2.7842	6.0919	6.1564	0.9533	0.8141	1.0157	0.0399
84500	0.0189	6.2480	2.7842	6.3299	6.4945	0.9598	0.8100	1.0246	0.0340
93800	0.0171	6.4047	2.7842	6.4816	6.7169	0.9633	0.8077	1.0305	0.0308

企业的成本，于是，工业产品的价格也会随之上升。大国地租率和制造品价格的上升意味着消费者的生活费用指数提高了。大国的人均真实福利究竟是上升还是下降，依赖于产品差异化对消费者效用的影响、要素所有者人均名义收入的变化、居民生活费用指数的变化以及人均土地占有量所引起的人均产出变化之比较。表6.1显示，当大国人口规模处在（2800，62690）区间时，大国较多的人口确实生产了较多的产品种类（λ值持续增大），从而使规模经济在本国拥有更多产品种类的情况下得到了发挥，并节约了运输成本；同时，该国名义收入也因生产活动对生产要素产生了新的需求而上升。于是，大国效应出现了。但是，若大国人口超过某一临界值，导致大国的人均占有量大幅度减少，同时，大国的土地租金率也显著上升，那么，大国的人均实际收入相对于小国反而下降。

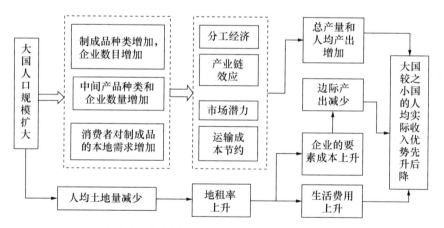

图6.1　大国人口规模变化影响居民人均实际收入的传导机制

4. 制约大国效应发挥作用的因素

前文证明了大国效应的存在性，然而，这一结论并未在现实社会中得到直观数据的支持。中国和印度是地球上人口最多的国家，但这两个国家的人均实际收入与许多中小国家相比要低得多。如前所述，或许两国因人口太多导致其人均可用土地占有量较少可以部分地解释为什么两国贫穷，但这个理由不能解释为什么像新加坡、日本和欧洲一些人口密度非常大的小国非常富裕。接下来将根据前文的理论模型进一步分析限制大国经济发展的各种因素。由于篇幅限制，这里不再对其他外生变量的传导机制进行分析，而只是将其结果直接显示出来。我们采用的方法仍然是，在假定其他参数不变的前提下，考虑某一特定参数的变化对一般均衡和各国人均实际收入的影响，也就是在给定方程组的约束下分别求各变量对某一特定参数的一阶导数。由于方程系统(6.18)—(6.21)非常复杂，直接对其求导有较大的困难，因此，我们在单一参数变动的前提下对方程组进行数值模拟，再将所求得的 λ、P_s/P_r、w_{ri}/P_r 和 w_{sj}/P_r 值代入式(6.22)、式(6.23)，然后将 U_{ri} 和 U_{sj} 相减，即可求得 $U_{ri}-U_{sj}$ 与各参数之间的变化关系。这种解法与直接求导数是一致的。

$$\frac{\partial U_{ri}}{\partial T} < 0,\quad \frac{\partial U_{sj}}{\partial T} < 0,\quad \frac{\partial(U_{ri}-U_{sj})}{\partial T} > 0,$$

$$\frac{\partial U_{ri}}{\partial t} < 0,\quad \frac{\partial U_{sj}}{\partial t} > 0,\quad \frac{\partial(U_{ri}-U_{sj})}{\partial t} < 0. \tag{6.24}$$

$$\frac{\partial U_{ri}}{\partial f} < 0,\quad \frac{\partial U_{sj}}{\partial f} < 0,\quad \frac{\partial(U_{ri}-U_{sj})}{\partial f} < 0,$$

$$\frac{\partial U_{ri}}{\partial R_r} > 0,\quad \frac{\partial U_{sj}}{\partial R_r} > 0,\quad \frac{\partial(U_{ri}-U_{sj})}{\partial R_r} > 0. \tag{6.25}$$

$$\frac{\partial U_{ri}}{\partial \chi} < 0,\quad \frac{\partial U_{sj}}{\partial \chi} < 0,\quad \frac{\partial(U_{ri}-U_{sj})}{\partial \chi} < 0,$$

$$\frac{\partial U_{ri}}{\partial \phi} > 0,\quad \frac{\partial U_{sj}}{\partial \phi} > 0,\quad \frac{\partial(U_{ri}-U_{sj})}{\partial \phi} > 0. \tag{6.26}$$

不等式集(6.24)—(6.26)包含如下一些理论假说：

其一，国家之间的运输成本系数较高，将有利于大国形成自己的优势。当国家之间运输成本系数趋向于无穷大的时候，各国倾向于自给自足，大国和小国同时陷入低水平发展陷阱，但大国相对于小国会有高得多的人均实际收入。随着运输成本系数下降和贸易自由化，两国同时从贸易中获得好处（$\partial U_{ri}/\partial T < 0$，$\partial U_{sj}/\partial T < 0$），但小国从中获益更多（$\partial (U_{ri} - U_{sj})/\partial T > 0$），大国优势随着国家之间运输成本的下降而消失。

其二，技术和资源占有量的差异对于各国人均实际收入差距具有重要影响。若大国的技术水平过低（f 值较高）或人均资源占有量太少（R_r/L_r 值较小），大国的人均实际收入将低于小国。不过，随着大国技术水平的提升和可用资源量的增多，大国的人均实际收入会超过小国。在贸易自由化的条件下，大国技术进步和可用资源量增多的好处会扩散到小国。国际贸易使双方同时获得好处，落后的国家从贸易中获益更多。由 $\partial U_{sj}/\partial f < 0$、$\partial U_{sj}/\partial R_r > 0$ 可知，大国 f 值和 R_r 值的变化，对于小国产生了影响。可见，一个国家的优势是可以通过贸易活动溢出到其他国家的。

其三，国内交易成本系数的高低对于一国竞争力具有不同的重要性。当大国内部交易成本系数降低的时候，本国人均实际收入会显著提高（$\partial U_{ri}/\partial t < 0$），但小国人均实际收入会下降（$\partial U_{sj}/\partial t > 0$），两国收入差距显著扩大（$\partial (U_{ri} - U_{sj})/\partial t < 0$）。值得注意的是，大国因交易成本降低和市场环境改善获得的竞争优势不会扩散到其他国家，这是交易成本优势与其他优势的显著区别之所在。之所以发生这种现象，可能是因为，当一国交易成本降低的时候，该国更倾向于从本国内部购买产品，而减少从其他国家购买。交易成本变化对各国收入差距的影响体现了制度的重要性。有效的市场制度有利于形成市场的稳定预期和降低交易费用，促进分工和专业化，从而显著提升一个国家的竞争力。这个观点已经反复地被各个国家的实践所证实。

其四，土地对生产的贡献越高，或者说，企业生产对于土地的依赖程度（χ 值）越高，就越不利于那些人口规模和人口密度较大的国家的发展。土地和资源的有限性会引起资源稀缺。χ 值的大小实际上反映了经济结构的类型。较高的 χ 值与农业经济、资源型产业相对应，

较低的 χ 值与服务业、技术型工业社会相对应。当 χ 值降低，或者说，当全球经济从农业向工业和服务业转型的时候，那些人口规模和人口密度较大的地区更容易克服资源困境，获得更好的发展（$\partial(U_{ri}-U_{sj})/\partial\chi<0$），即便 θ 值以同一比例变动也是如此。但是，如果小国实现了工业转型，而大国仍停留于农业社会，大国就会远远地落后于小国。

其五，产业关联的程度对于较大的国家具有更重要的正向影响。ϕ 值有两层含义：其一，它反映了企业之间的投入产出联系和生产过程的迂回程度；其二，它反映了经济结构的类型。一方面，当 ϕ 值提高时，产品种类数随之扩大，于是，生产一种产品必须投入更多种类的中间产品，这样，生产的迂回程度就提高了。另一方面，ϕ 值提高意味着生产中的资本物品投入在总投入中的比例提高了。由于大国总是拥有较多的产品种类，当产业之间的关联系数提高时，大国必然会在本国购买到更多的中间产品，从而使该国企业节省更多的运输成本和降低生产费用指数，这将显著拉开该国与小国之间的人均实际收入差距（$\partial(U_{ri}-U_{sj})/\partial\phi>0$）。

第三节　经验研究

虽然本书各个理论模型所得出的结论支持大国效应的存在性，但同时也表明，大国经济发展必受制于诸多条件。如果各个条件不能满足，大国变成穷国仍然是有可能发生的。在当前全球经济中，确实有许多大而贫穷的国家，给人的感觉就是国家的大和贫穷是相伴而生的。但这种直观解释与严谨的分析相去甚远。本节我们运用动态面板模型对上文提出的一些假说进行检验。

1. 模型的设定和指标选择

虽然本章的研究内容涉及经济发展和收入增长，但是，本章的理论模型是一个空间分布模型,我们使用的方法是静态比较,并不直接涉及时间变量。因此,在本章的经验研究中,我们将尽量剔除由时间本身对经济系统产生的影响。根据本章理论模型所推导出来的理论假说,计量模型为:

$$\text{gdpdev}_{it} = \beta_1 \text{popucent}_{it} + \beta_2 \text{proport}_{it} + \beta_3 \text{export}_{it} + \beta_4 \text{roadcost}_{it}$$

$$+ \beta_5 \text{energy}_{it} + \beta_6 \text{dust}_{it} + \beta_7 \text{technol}_{it} + \alpha_i + \varepsilon_{it}. \quad (6.27)$$

其中,i 表示国家或地区,t 为时间,α_i 为不可观察的地区效应,ε_{it} 为随机扰动。

模型中被解释变量是各国人均实际收入的差距(gdpdev)。Barro and Sala-i-Martin(1992)等主张用各国人均收入在截面上的离差来反映国家之间的收入差距。这里采用按 1990 年购买力平价计算的各国人均 GDP 对当年全球均值的偏离幅度测量收入差距,其计算方法是各国人均 GDP 除以当年全球人均 GDP。考虑到不同年份人均 GDP 基数不同,我们认为直接用离差测量国家之间的收入差距有可能夸大基数较大的年份的收入差距,采用偏离幅度测量有利于消除时间和基数对离差产生的影响。

解释变量 popucent 是各国人口占当年全球总人口的份额,该指标主要用于考察人口在全球的分布,不再包含由时间所引起的人口增长。该变量是本章的核心解释变量。由于各国 GDP 主要是由劳动参与人员在劳动中所产生的,而一国之国内需求又主要由劳动者的工资收入所决定,因此,无论是从供给方面考虑,还是从需求方面考虑,各国 GDP 都有可能与该国劳动者数量呈正相关关系。我们将 laborcent 作为人口规模的候选变量。laborcent 的含义是各国就业参与人数占全球就业参与总人数的比重。

解释变量 proport 是各国城镇人口占该国全部人口的比重对当年全球均值的偏离幅度。各国城镇人口比重在相当程度上反映了该国城市化和工业化的程度。由于工业活动和服务业大多集中在城市,若 proport 值较高，表明该国工业与服务业在经济总量中的比重较高，而农业比重偏低，因此，我们认为，proport值在一定程度上反映了非农活动在经济活动中的结构。

解释变量export是指各国货物和服务出口占GDP的比重对当年全球均值的偏离幅度。该指标所反映的是各国相对贸易开放度。通常，贸易开放度会与一个国家的规模显著相关。由于大国的经济规模较大，生产的产品种类较多，大国居民更有可能在本国购买到更多的产品，因而，大国的贸易开放度较小国低。美国被认为是世界上开放程度非常高的国家，但其贸易开放度在样本期内平均只有11.02，中国的平均贸易开放度是27.37，而新加坡的平均贸易开放度达到198.08。可见，小国总是能更深地融入国际贸易之中。此外，是否靠近海洋、港口的吞吐能力、国际运输成本和交易费用的大小也会影响各国贸易开放度的差异。

解释变量roadcost是指各国每单位GDP在道路部门中消耗的能源数量对当年全球均值的偏离幅度。该指标可在一定程度上反映各国国内运输成本的差异。交易费用和市场发育程度是一个很难测量的变量，因为交易成本的大部分是观察不到的。即使是可以观察到的运输成本，也极难将其分门别类地统计出来。本章使用道路部门的能源消耗代表交易费用，具有一定的合理性。通常，道路部门的能源消耗反映了交通工具在道路上行驶的里程，交通工具的损耗、对驾驶员的工资支出均与交通里程密切相关。因此，我们认为这一指标可以较好地反映运输费用和交通效率。

解释变量landdev和energy反映的是各国人均资源占有量的差异。landdev是指各国人均土地面积对当年全球均值的偏离幅度，energy是指各国人均能源产量对当年全球均值的偏离幅度。由于许多国家的土地中包含了沙漠、戈壁、丛林、高海拔的山地和高原，这些区域不太适合人类生活和工业生产，因此，我们认为，landdev指标虽然客观，但并不完美，无法真实地反映土地上的可用资源量。有些学者主张采用单位土地上的资源储量来衡量各国资源差异。但资源储量也不是一个容易被精确测量的指标。另一方面，从经济学上考察，资源储量并没有真实地反映资源开采的难度和成本。我们认为，仅仅被开采出来的资源会通过投入产出联系影响实体经济。从市场竞争的角度考察，各国资源被开采的程度将均衡于边际收益与边际成本相等的那一点，那些在某一特定阶段没有被开采的资源可能恰巧反映了其边际开采成本过高这一典型事实。因此，各国资源业的产量和产值可以较好地反映各国资源禀赋的差异，故而我们采用 energy 测量各国资源差异。

解释变量 dlandsq 和 dust 反映的是由土地有限引起的拥挤性。dlandsq 是指各国人口密度对全球平均人口密度的偏离幅度的平方，其计算方式是将各国单位土地上的人口数量除以全球单位土地上的人口数量，再平方。考虑到各国人口规模和密度对于人均 GDP 存在正向影响，若 dlandsq 的系数为负，那么，人口数量对于人均 GDP 的倒"U"形关系将成立。dust 是指各国城市每立方悬浮颗粒物的浓度对当年全球均值的偏离幅度。如果 dust 的回归系数为负，则意味着经济发展超越了环境的承载力，从而对经济发展产生了拥挤效应。

解释变量 technol 是指各国不同年份每单位 GDP 平均所消耗的千克石油当量对当年全球均值的偏离幅度（GDP 按购买力平价计算）。该指标可以反映各国技术水平的差异。通常，能源效率较高的国家，该国生产技术较为先进。诚然，能源效率的高低可能不仅直接反映了生产技术水平的差异，还反映了管理方法的先进程度。

2. 数据来源和变量的描述统计量

本章原始数据主要来源于世界银行。我们使用从 1994 年到 2011 年间 91 个国家的面板数据进行分析。表 6.2 列出了各变量的计算方法和描述统计量。我们对样本进行选择的依据是完全遵循数据的可得性，没有渗入任何个人的主观性。91 个样本国家涵盖了除南极洲之外的六大洲和各种不同社会制度的国家。不过，由于非洲、拉美和太平洋诸岛屿中的许多国家数据不全，我们无法将其纳入。为了保证样本的数量，对于极个别国家的极少量数据缺失，我们采用插值法或由计算进行补充。为了保证可比性，对于涉及 GDP、出口额的数据，我们全部采用可比价和购买力平价进行测量。对于涉及能源的数据，我们采用的单位是标准油当量。除 popucent 之外，所有指标的测量标准都是计算其对当年全球均值的偏离幅度，这种方法可以使我们有效地剔除时间本身对数据的影响。popucent 表示的是各国人口占当年全球总人口的份额，该指标也剔除了时间的直接影响。

表 6.2 变量的计算方法和描述统计量

变量	计算方法	样本均值	标准差	最大值	最小值
gdpdev	各国人均 GDP 除以当年全球人均 GDP（按 1990 年购买力平价计算）	1.473344	1.178157	4.874605	0.0692495
popucent	各国人口占当年全球总人口的比例	0.0093462	0.028019	0.211734	0.0000455
proport	各国城镇人口占该国全部人口的比重除以全球城镇人口占全球总人口的比重	1.303454	0.4526141	2.256318	0.2905145
export	各国货物和服务出口占 GDP 的比重除以全球货物和服务出口占当年全球 GDP 的比重	2.024241	1.445766	10.4315	0.2783515
landdev	各国人均土地面积除以当年全球人均土地面积	1.687775	3.042488	18.27533	0.0069891
energy	各国人均能源产量除以当年全球人均能源产量	45.72382	129.7664	1228.56	0
roadcost	各国每单位 GDP 在道路上消耗的能源数量除以全球每单位 GDP 在道路上的能耗	1.154153	0.9679924	7.533225	0.0388403

（续表）

变量	计算方法	样本均值	标准差	最大值	最小值
dlandsq	各国单位土地上的人口数量除以全球单位土地上的人口数量，再平方	418.8441	2666.335	20471.87	0.0029941
dust	各国城市每立方悬浮颗粒物的浓度除以当年全球均值	0.7861667	0.5096914	3.226444	0.1740067
technol	各国每单位 GDP 平均消耗的千克石油当量除以当年全球单位 GDP 平均消耗的千克石油当量（按购买力平价计算）	1.212815	0.9226059	8.035316	0.242481

3. 多重共线性的诊断

经典线性方程的估计要求模型的解释变量必须互不相关和相互独立，违背这一假设必然会引起多重共线性，从而引起某些难以捉摸的严重问题。为此，我们对模型进行诊断。我们运用 stata 软件计算出各变量的方差膨胀因子（variance inflation factor），如表 6.3 所示。

表 6.3　方差膨胀因子

模型 I			模型 II		
Variable	VIF	1/VIF	Variable	VIF	1/VIF
roadcost	2.18	0.457741	export	2.31	0.432927
energy	1.94	0.516077	dlandsq	2.15	0.465527
proport	1.67	0.600579	proport	1.55	0.645045
dust	1.30	0.768952	roadcost	1.45	0.690245
export	1.20	0.832471	technol	1.14	0.874575
technol	1.17	0.854868	landdev	1.11	0.904840
popucent	1.13	0.886983	popucent	1.10	0.909509
Mean VIF	1.51		Mean VIF	1.54	

按照判定标准，当 VIF > 10 且 Mean VIF > 1 时便可判定模型存在较强的共线性，表 6.3 给出的各变量的 VIF 值全部都小于 10，这表明本章计量模型中的多重共线性问题在可以容忍的范围之内，不会影响模型估计的结果。

4. 估计方法和结果

通常，各国经济发展都显著依赖于该国过去的发展水平，穷国不会突然变成富国，富国也不会突然回到穷国俱乐部。为此，我们引入 gdpdev 的滞后项，将模型(6.27)扩展为动态面板：

$$\begin{aligned}
\text{gdpdev}_{it} = {} & \gamma \text{gdpdev}_{i,t-1} + \beta_1 \text{popucent}_{it} + \beta_2 \text{proport}_{it} + \beta_3 \text{export}_{it} \\
& + \beta_4 \text{roadcost}_{it} + \beta_5 \text{energy}_{it} + \beta_6 \text{dust}_{it} \\
& + \beta_7 \text{technol}_{it} + \alpha_i + \varepsilon_{it}.
\end{aligned} \tag{6.28}$$

动态面板不仅可以解决序列相关问题，而且可以消除模型中解释变量之间的内生性偏误。由于经济系统本质上是一个一般均衡，各变量之间的关系实际上是一个联立方程系统，这种互为因果的关系不可避免地会产生内生解释变量问题。这时，OLS 估计量就一定是有偏和不一致的。本章计量模型中也有这个问题。由于数据不可得和不可测量，遗漏变量也是经常出现的问题。当模型存在因遗漏变量引起的误设，估计结果会发生内生性偏误。由于世界银行仅仅提供了非常有限的数据集，因此，本章模型必然存在遗漏变量问题。此外，有些解释变量可能存在测量误差，这时，解释变量的观测值便可能与回归误差相关。即使只有部分解释变量有测量误差，其结果仍有可能会导致全部 OLS 估计量有偏和不一致。

本章数据集的时间跨度为 18 年，在极短的时期内，popucent 或可以被看作外生变量，但从一个较长的时期看，各国人口一般要受生育率、死亡率和迁移率的影响。由于生育、死亡和迁移都与该国人均 GDP 有关，因此，我们认为，popucent 与 gdpdev 具有联立内生性问题。landdev

和 dlandsq 直接由人口和土地面积计算而来，这两个变量与 popucent 也必然存在内生性。proport 反映的是经济结构的变化，export 反映的是贸易开放度的变化，这两者都与经济发展阶段和人均 GDP 高低有关。如果一个国家的人均 GDP 提高，该国国内需求和消费结构会发生显著变化，这将有利于该国经济结构从农业经济向工业经济转型。人均 GDP 和经济发展水平的提高也意味着该国生产规模的扩大和交通工具的改善，这将会显著降低该国的国内和国外交易成本，从而有利于该国出口市场和国内市场的发展。可见，gdpdev 与 proport、export 和 roadcost 之间也存在联立内生性问题。各国人均能源产量既与经济发展水平有关，也与工业化水平有关。人均 GDP、工业化和城市化水平较高的国家会对能源产生更多的需求，促使该国能源产量增加。能源产业本是高耗能产业，能源产量高的国家，其二氧化碳排放和空气中悬浮颗粒物的浓度都会比较高。于是，energy、dust、proport 和 gdpdev 之间存在内生关系。由于存在知识溢出，一个国家的人口规模、城市化和工业化水平都有可能对该国能源效率和技术水平产生影响。于是，popucent、proport 和 technol 之间也存在内生关系。这些内生性问题都可以通过动态面板 GMM 估计得到解决。

动态面板 GMM 估计存在一步和两步之分。Windmeijer（2005）认为，两步 GMM 估计量的渐近标准差在小样本中会向下偏倚，其原因在于对权重矩阵的估计。由此，他建议采用基于泰勒展开式的修正项代替对权重矩阵的估计。不过，由于该方法会导致估计量的渐近近似分布不可靠，因此，人们仍然倾向于采用一步估计法（Bond，2002）。按照 Blundell and Bond（1998）以及 Blundell，Bond and Windmeijer（2000）的观点，一步系统 GMM 估计量与一步差分 GMM 估计量相比，显著改进了估计的精度，并缩小了样本的偏倚，因此，本章采用一步系统 GMM 估计。不过，为了显示估计结果的稳健性，本章同步提供两步系统 GMM 估计的结果作为对照。我们采用 Arellano and Bover（1995）和 Blundell and Bond（1998）提供的方法对模型(6.28)进行估计。现将结果报告如下：

表6.4提供了检验残差序列相关的 AR(1)、AR(2)和检验过度识别的统计量及对应的 P 值。从报告结果可以看出，不存在一阶序列相关的原假设在1%的显著性水平上被拒绝，但不存在二阶序列相关的原假设没有被拒绝，这正是我们希望看到的结果。我们估计的各个模型都是用69个工具变量估计8个解释变量，产生了多个过度识别矩条件。所有模型的 Hansen test 统计量对应 P 值都大于10%，表明过度识别有效的原假设是正确的，我们选择的工具及滞后阶数是合适的。我们使用一步系统 GMM 估计的结果与两步估计的结果基本上一致，这表明估计结果是稳健的。

从表6.4提供的结果看，滞后一期因变量的系数显著为正，且系数达到0.95，这表明各国人均 GDP 主要是由历史所决定的。大自然没有飞跃，人类社会也是如此，经济发展具有明显的路径依赖特征。除了本章提到的因素外，一个国家的发展还要受已形成的市场潜力、人均资本存量、知识存量和人力资本积累、社会制度、对市场保护的程度和其他"历史存量"（historical stock）（Acemoglu and Zilibotti, 1997）所影响，而这些因素通常都不会在突然之间发生重大变化。因此，各国人均 GDP 只能在前期的基础上有所增长。

我们最关注的变量——各国人口占全球当年总人口比重（popucent）在各个模型中均显著为正，这一结果证实了我们在理论模型中所提出的假说，较大的人口规模对于一个国家的人均实际收入具有正向影响，大国凭借其人口规模可以实现一定的优势。虽然这一结论与直观的现实并不相符，但我们认为不到0.2的系数仍然低估了大国效应的重要性。由于数据的不可得性，我们仅仅选择了18个年度的数据进行回归，而大国效应更可能表现为一种长期的影响。从现实中的情形看，中国和印度这两个人口大国，在当今世界上仍不属于发达国家，但是，在近代以前的1000多年时间里，这两个国家却是全球最富裕的国家。

表6.4　人均 GDP 的动态面板广义矩估计结果

变量名	模型 I				模型 II	
估计方法	one-step system GMM	two-step system GMM	one-step system GMM		one-step system GMM	two-step system GMM
gdpdev（-1）	0.9579745 (92.30)***	0.9570233 (90.18)***	0.9580537 (92.31)***		0.9539156 (84.69)***	0.953327 (82.18)***
popucent	0.1404207 (2.26)**	0.1385887 (2.45)**			0.1127821 (1.74)*	0.1117283 (2.09)**
laborcent			0.127993 (2.48)**			
proport	0.0501027 (2.70)***	0.054482 (2.89)***	0.0499097 (2.70)***		0.0699646 (3.38)***	0.072645 (3.43)***
export	0.0083687 (3.06)***	0.0084945 (2.85)***	0.0083439 (3.06)***		0.0147758 (2.77)***	0.0134977 (2.34)**
landdev					0.0012101 (1.24)	0.0012388 (1.23)
energy	0.0000469 (2.16)**	0.0000443 (1.79)*	0.0000466 (2.16)**			
roadcost	-0.0220422 (-5.08)***	-0.0213119 (-4.73)***	-0.0220113 (-5.08)***		-0.0257409 (-4.51)***	-0.0244915 (-4.07)***
dllandsq					-3.75e-06 (-1.92)*	-3.07e-06 (-1.43)

（续表）

变量名\估计方法	模型 I			模型 II	
	one-step system GMM	two-step system GMM	one-step system GMM	one-step system GMM	two-step system GMM
dust	-0.0219498 (-2.76)***	-0.0223564 (-2.09)**	-0.0216473 (-2.73)***		
technol	-0.0064044 (-2.08)**	-0.0055863 (-1.69)*	-0.0064115 (-2.08)**	-0.0054152 (-1.76)*	-0.0038242 (-1.09)
_cons	0.0224925 (1.79)*	0.0133067 (0.91)	0.0225011 (1.79)*	-0.0223769 (-1.94)*	-0.0301165 (-2.53)**
AR(1)	-2.97 (0.003)	-2.99 (0.003)	-2.97 (0.003)	-2.97 (0.003)	-2.99 (0.003)
AR(2)	-0.83 (0.405)	-0.82 (0.411)	-0.83 (0.405)	-0.81 (0.416)	-0.81 (0.419)
Hansen test of overid	69.18 (0.195)	69.18 (0.195)	69.02 (0.199)	67.20 (0.244)	67.20 (0.244)
Number of instruments	69	69	69	69	69
Number of obs	1547	1547	1547	1547	1547
Number of groups	91	91	91	91	91
Obs per group	17	17	17	17	17

注：*、**、*** 分别表示在 1%、5%、10% 水平上显著。

导致大国优势丧失的因素可能是多种多样的。根据本章理论模型，贸易开放、人口过度拥挤、国内市场发育不良和交易成本过高、过度依赖土地和自然资源、产业结构低端化、生产技术相对落后都有可能导致大国的人均实际收入低于小国。这些论点在表6.4的结果中都有所体现。

贸易开放度（export）对各国人均GDP差异的影响显著为正。前文提到，在封闭经济条件下，大国与小国之间的人均实际收入差距会十分大，因为当国家之间运输成本系数特别高时，这些国家会退回到自给自足的生产模式。但是，一旦两国发生贸易，大国效应就会通过国际贸易向小国溢出，从而导致两国贫富差距缩小。不过，即便两国发生贸易，但如果国家之间的贸易成本系数特别高，大国的人均实际收入仍然会高于小国。随着贸易成本系数的下降，两国发生的贸易越来越多，而小国的贸易开放度会提高更快，于是，小国与大国的收入差距缩小。相比之下，由于大国在本国生产的产品种类较多，因而，大国居民可能在本国购买更多的产品。于是，小国从贸易中获得了更多的好处。表6.4显著支持这种观点。

各国国内交易成本（roadcost）对其收入差距的影响显著为负。本章的理论模型预测，一国国内交易成本系数下降会显著提高本国人均实际收入，而对其他国家具有消极影响。但是，这里有一个问题应当引起我们注意：虽然道路部门的能源消耗可以较好地替代运输成本，但它并没有涵盖全部国内交易成本。交易成本的范围非常广，社会习俗、政策法律、市场发育程度、企业的治理结构、各国财产权制度都会显著影响交易成本的大小，但这些大多是不可测量的。由于本章采用的是动态面板估计，这些没有观测到的因素和测量中的误差，大多可以通过因变量的滞后项得到解决。表6.4的估计结果强有力地支持了这样一种观点：市场条件的改善会显著提升一个国家的竞争力。

各国城镇人口比重对当年全球均值的偏离幅度（proport）对各国人均GDP差异的影响显著为正。各国城镇人口比重反映了该国城市化和工业化的程度。通常，较高的 proport 值表明该国非农产业在经济总量中的比重较高。农业是土地依赖型产业，农业人口较多的国家，尤其是农业大国，大多保持着一种半自给自足的浅分工状态。农民生产出农产品，供其个人和家庭消费，多余的农产品才会通过市场卖出去。这种浅分工模式自然不利于经济发展。可见，使落后国家的经济结构从农业向工业和服务业转型可以显著缩小其与富国之间的贫富差距。

国家之间能源消耗差异（technol）的回归系数显著为负。technol 值包含两层含义：一方面，technol 值反映了各国技术水平之差异，能源消耗率低的国家，其生产技术水平一般较高。另一方面，technol 值也可能部分地反映了一种特定的产业结构，如果一个国家的经济结构以能源、发电、矿物采掘和冶炼等高耗能产业为主，其 technol 值一定较高。表 6.4 中该指标的系数均显著为负，这意味着较高的技术水平和低附加值的产业结构有利于各国人均 GDP 的提高。

各国人均土地占有量的差异（landdev）对人均 GDP 差异的影响为正，但不显著。landdev 虽然较好地衡量了各国人口所占有土地的实际状况，但它并没有真实地反映土地上的资源分布情况。同一面积土地的肥沃程度可能不同，其资源分布也可能不相同，而 landdev 指标则潜在假设了土地上的资源均质分布。因此，landdev 对人均 GDP 差异的影响不显著也在情理之中。各国人口密度差异的平方（dlandsq）的一步估计结果显著为负，两步估计结果不显著，但系数的估计值非常小，这暗示人口密度可能具有轻微的拥挤效应，过度拥挤对于人均 GDP 也只具有轻微的负面影响。

各国人均能源产量对当年全球均值的偏离幅度（energy）对于人均 GDP 差异的影响显著为正，但其贡献较小。资源禀赋对于人均 GDP 具有一定的正向贡献，但资源诅咒的现象可能同样存在，两种影响相互抵消导致其贡献较小。各国城市颗粒物浓度的差异（dust）对于人均 GDP 差异的影响显著为负。悬浮颗粒物的浓度可能与工业生产和能源消耗有关，两者又与 GDP 总量显著正相关。通常，颗粒物浓度会从两个方面影响经济发展：其一，空气中的颗粒物会对当地环境和居民健康产生影响，从而迫使当地企业向外地迁徙；其二，迫于环境压力，当地政府和当地企业不得不花费更多的资源对环境进行治理，这必然会增加企业成本。dust 的系数为负，意味着过高的工业密度和人口密度产生了拥挤效应，从而对人均 GDP 产生了消极影响。

第四节　结　　论

本章在空间一般均衡框架下对国家之间贫富差距变化的影响因素进行了研究，并运用1994—2011年间91个样本国家（或地区）的数据进行了检验。本章的主要研究结论有：

其一，国家之间的人均收入差距是多种因素相互作用的结果，它绝不可能被任何单一的因素所解释。一个国家的人口规模和人均资源占有量对于各国人均收入差距具有重要影响。这一论点，无论是在理论模型中，还是在实证研究中，都被本章模型所支持。如果跳出样本期，我们仍然可以找到许多支持本章论点的证据。中国和印度是传统的人口大国，在前现代社会的1000多年时间里，这两个国家的人均福利一直保持着全球领先的水平。

其二，国际贸易成本降低和贸易开放会使国家之间的贫富差距缩小，而国内交易成本的降低则趋向于扩大国家之间的收入差距。本章模型证实了这种观点。一个值得注意的现象是，一些经济学家发现了一些显著的俱乐部收敛。Mankiw *et al.*（1992）、Barro and Sala-i-Martin（1995）发现，欧共体各国以4%的速度收敛。Kaitila（2004）基于欧盟15个申根国的趋同研究表明，1960—1973年和1981—2001年两个时间段均存在明显的收敛，但前一阶段收敛速度更快。O'Rourke and Williamson（1994）证明了19世纪末以来的贸易自由化促使产生了一个经济趋同的时代，爱尔兰和斯堪的纳维亚国家逐渐赶上了英、法、德等老牌发达国家，拉丁美洲和南太平洋诸国与传统发达国家的差距也有所缩小（Yang，2003）。只有非洲和南亚少数国家仍保持着与发达国家较大的差距，甚至差距有所扩大。发生这种现象的原因可能是，欧盟国家内部贸易自由化程度提高和贸易成本降低，北美、拉美和南太平洋诸国之间的贸易开放度也有所提高，而南亚、非洲诸国市场发育程度较差，这些国家融入全球化的程度也较低。由本章模型可知，欧盟国家内部贸易成本降低，这本身就会扩大其与外围国家之间的贫富差距。另一个值得注意的现象是，虽然在二战之后，各国市场化进程加速，但是，一些非洲和南亚国家在民族独立之后，反而走上了计划经济和独裁政治的道路，这导致政局不稳和市场交易成本较高，于是，这些国家与发达国家之间的差距进一步扩大了。

其三，各国人均资源占有量和地理位置对于各国人均收入都具有重要的影响。虽然本章并未致力于证明地理环境对于国家之间贫富差距所具有的决定性影响，但我们证明了人均资源和地理位置的重要性。贸易开放度高的国家通常具有一定的海洋运输优势，这种优势对于其人均收入具有一定的正向贡献。另一方面，当一国人均资源占有量较大时，劳动的边际生产力必然较大，这将有利于提高该国人均实际收入。若人均资源占有量较小，人们被迫在有限的土地上进行精耕细作，劳动的边际生产力变小，那么，在其他条件不变的情况下，这个国家的人均收入一定较低。

其四，经济结构从土地密集型产业向资本密集型产业转型通常会提高该国的人均实际收入水平。当一个国家的人均土地占有量非常少时，这种经济结构转型必将有利于缓解该国的土地压力，使之获得不同一般的发展。库兹涅茨（Kuznets，1973）曾提出，快速的结构转换率是现代经济增长的一个重要特征。这一观点在本章模型中得到了证实。从各国经济史看，许多人口稠密的国家在实现从农业社会向工业社会转型之后，

确实获得了快速的经济增长。中国在前现代社会一直都是农业强国，到
19 世纪初期，中国人口达到 3 亿，人均可用土地急剧减少。然而，由于
种种原因中国未能完成从农业社会向工业社会的转型，于是，中国毫无
悬念地变成了一个穷国。

第七章

结论和启示

本书在非对称的空间一般均衡框架下构建了大国效应模型和内生经济结构转型的系列模型。在这些模型中，我们引入了多组非对称条件，尤其是假设了大国与小国在人口规模、土地面积、资本存量和储蓄率、技术创新程度和国内市场交易费用等方面的不同。现在，我们根据模型的研究结果，将主要研究结论报告如下：

第一，人口规模与大国人均实际收入具有正相关关系，即便各个国家之间存在贸易往来，也是如此。不过，如果将土地面积和自然资源数量的有限性考虑进来，当人口规模特别大而导致一国人均土地占有量急剧减少时，人口规模与经济发展水平的这种正向关系可能不再成立。在人口规模和其他条件不变的情况下，土地面积和资源量对于各国人均收入差异具有单调的正向影响。其理由是，较大的土地面积和资源量可以缓解人口拥挤的压力，使大国能够容纳较大的人口规模。如果一个国家既有较大的国土面积和资源量，又有较大的人口规模，那么，大国效应在该国出现的概率就会更大。

对于人口规模与经济发展水平的正向关系，人们首先想到的是较大的人口规模可能意味着较大的市场规模。早在古典经济学时代，斯密（1972）就已经认识到，经济发展将受限制于市场的广狭和市场容量。哈里斯（Harris，1954）主张采用市场潜力指数来描述本地市场规模对于经济增长潜力的影响，该指数以距离的倒数作为权数。考虑到权数的影响，如果一国之本国需求与出口需求之比，较其他国家大，则该国具有本地市场效应，这将有利于该国经济发展。考虑到最终的市场需求主要来自于消费者需求，人口规模大的国家通常会有较大的市场容量和市场潜力。因此，我们认为，斯密的市场广狭理论和哈里斯的市场潜力理论实际上已经暗示了人口规模可能对经济增长具有正向影响。

人口规模对经济发展产生影响的第二个来源是分工经济。斯密（1972）提出，劳动分工受市场容量限制，而分工又是经济增长的唯一源泉。这是从需求端理解分工经济，它所表明的是较大的市场规模能够容纳更多的产品种类和更高的分工程度。如果从供给端理解，一个国家的人口规模越大，其分工就会越精细，因为更多的人口必能生产更多的产品种类，较多的产品种类在同一国家同时生产将产生强大的协同效应和互补效应。在封闭经济条件下，如果一个国家人口规模较小，该国可能陷入极度贫穷，因为较少的人口无法支持分工的横向和纵深发展，这个国家只能有一些简单的分工。在开放经济条件下，人口规模较小的国家可以参与到国际分工的大体系中去，从国际贸易中获取分工的好处，但该国国内分工的精细程度仍然受制于本国的人口规模。一方面，较小的人口规模可能只能支持本国从事少数几种物品的生产；另一方面，分工也无法向纵深发展，无法支持产业链的延长，因为人手不够。因此，人口规模与分工水平具有正向关系。

人口规模对经济发展产生正向影响的第三个来源是专业化经济和产业链效应。从需求端考察，较大的人口规模所引致的市场需求必然支持那些具有较强规模经济的行业在本国实现大规模的销售，从而支持该产业在本国的发展。但这不是该产业在本国发展的充分条件。更重要的是，较大的人口规模意味着该国拥有足够的劳动力从事规模经济行业的生产，人口规模太小的国家可能无法支持这些行业在本国的生产。这是从供给端考察。再看产业链。通常，按照庞巴维克（Böhm-Bawerk，1899）的观点，一个产业的生产链条越长和迂回程度越高，代表该产业的技术水平越高，作为结果，其生产力也会越高。然而，产业链条的延长，需要以较大的人口规模为基础。通常，人口规模太小的国家无法支撑具有太长产业链的行业，小国由于人口太少，从事这个行业的人员必然较少，它不可能有足够的劳动力支撑全产业链的生产，更不可能在产业链的每一个环节都获得优势。有人可能会说，小国不是可以与其他国家在产业链上实施分工，仅仅在本国生产这种产业链条中的某一个小的生产环节吗？理论上这也许可以说得通，但实际上并不十分可行，因为国家与国家之间的市场可能并不是那么兼容，毕竟各个国家在文化、地理、政策和设施上都存在差异，各个国家之间的市场交易费用较之国内通常都会高一些。如果某一行业的全产业链都在该国实现了本地化，该国在该产业的生产上将获得极大的优势。因此，大国较之小国通常拥有在本国发展完整产业链的优势。进一步说，考虑到大多数行业都有投入产出联系，因此，大国甚至能支持本国拥有完整的产业生态圈，包容各种相关行业在本国的发展，这将显著提升本国经济的竞争力。

人口规模对经济发展产生正向影响的第四个来源是知识溢出效应（李君华，2017）和公共物品优势（李君华、彭玉兰，2017）。Romer（1986）和Grossman and Helpman（1991）认为，知识具有全球性溢出的特性，因此，知识一经发现便必然促进全球经济的持续增长。Martin and Ottaviano（1999）认为，知识溢出具有地方性特征，对于经济增长的影响只能局限于知识溢出所能辐射的局部区域。考虑到知识溢出的距离衰减效应（Hägerstrand，1953），我们认为，Martin and Ottaviano（1999）的观点可能更接近真理。大国由于人口规模较大、企业数量较多，人与人之间和企业与企业之间的知识存量和知识差异性可能也较大，于是，就有更多的交流机会和更高的交流频率，这种交流将显著增加其各自的知识，这就是知识溢出。有人可能会说，人们也可以与其他国家的人们进行交流，考虑到互联网的信息容量和传输速度，跨国界的交流可能同样会产生知识溢出效应。本书并不否认跨国界知识溢出的可能性，但是，我们认为，由于国内人员在文化环境、语言习俗、产业背景上可能具有更多的相似性，加之知识中的绝大部分可能属于隐性知识，因此，本土交流和面对面交流可能更加有利于知识溢出，于是，在地理空间上更加接近、在知识背景和产业背景上更加相似的国内经济主体之间的知识溢出较之国际溢出可能要强大得多，对于经济增长的影响也会更大。大国在这一方面拥有显著的优势。

人口规模对经济发展产生正向影响的第五个来源是运输成本的节约。李君华和欧阳峣（2016）认为，如果大国的国内运输成本系数低于国家之间的运输成本系数，那么大国由于人口较多，所生产的产品种类也可能更多，人们在本国就可以购买到较多种类的产品，这将节省大量的运输成本。有人可能不同意国内运输成本系数低于国际运输成本系数这一假设。不过，如果我们考虑到国界所包含的政治意义、文化和语言差异性、物流基础结构的非兼容性、支付系统的不兼容性、各种关税壁垒和报关手续，这种假设就具有相当的合理性了。如果各国国内市场的运输成本较之国际贸易成本低，大国就更有可能从国内贸易和本地市场中获得较多的好处。

第二，如果大国的人口规模超出一定程度，导致该国人均土地占有量特别低，该国就有可能陷入"马尔萨斯陷阱"。但是，另一方面，人均土地量的不足，也有可能通过相对价格效应引起大国经济结构的转型。如果该国能逐步退出土地密集型产业，向资本密集型和劳动密集型产业转型，这就有可能在一定程度上解决该国人均土地量不足的难题。

经济结构对于一个国家的竞争力具有重要影响。由于一个国家的土地和自然资源数量是有限的，如果该国经济结构以土地密集型的农业为主，则该国经济发展水平必受制于有限的土地和自然资源。但是，如果这个国家逐步放弃以农业为主导产业的经济结构，转而以劳动密集型的手工业、资本密集型的现代工业和知识密集型的现代服务业为主导产业，那么，该国经济发展水平必然大幅度提高，因为这些新型产业打破了经济活动对土地的依赖。在这种经济结构转型之后，在相同面积的土地上，就可以容纳更多的经济活动。然而，经济结构转型不会自动发生。决定一国经济结构转型的因素至少有三个：其一，要素结构的变化；其二，新产品和新技术的创造力；其三，参与国际分工的程度和贸易政策是否开放。

要素结构是指一个国家的土地资源、劳动力、资本存量等生产要素的比例。要素结构与经济的行业结构共同决定着要素的相对价格水平。如果要素结构发生了变化，则必然反映到要素价格上，从而引起要素相对价格的变化。要素相对价格的变化会促使生产者调整经济结构和投入比例。如果劳动人口的供给相对于土地增加，则土地租金率上涨，该国就可能用劳动密集型产业替代土地密集型产业，以节约土地租金。可见，要素结构的变化会通过要素相对价格传递到经济结构，促使经济结构作出相应的调整。这种经济结构转型可称为适应型转型。

另一种经济结构转型是主动型转型。当一个国家的创新能力较强时，这个国家就会有许多创新技术和新产品问世，这些新技术将被投入生产过程。如果这种新技术是节省土地的技术，则经济结构将从土地密集型产业（农业）向劳动密集型产业（手工业和工商业）转型。经济结构转型不是一种空旷的说教，并不是想一下就可以转的。首先，这些新增产能投资所生产的产品必须能够以合理的价格卖掉。如果新增产能只是一种过剩产能，那么，经济结构就不可能顺畅转型，因为人们无法以现有价格将过剩产品卖出。因此，新增产能必须投资于一个新型产业，或者用一种成本更低的新方法生产出传统产品。在这一结构转型的过程中，要素结构具有引导性作用。如果该国人口增多，土地租金就会上涨，于是，劳动力就变得相对便宜，这时，该国会尽力发展劳动密集型产业，技术创新也会朝着节省土地的方向发展。反之，如果该国人口和劳动力不足，劳动者的工资就会变得十分昂贵，这时，技术创新将朝着节省劳动的方向发展。在资本存量非常充裕的情况下，劳动力紧缺甚至会引致一次机械化革命（如英国第一次工业革命）。但这一过程是否发生，关键在于该国是否具有创造和发现新技术的能力。这是主动型经济结构转型的重要前提。这种以创新驱动的结构转型虽然也会适应要素结构的变化，但其更重要的特征是改变了生产函数的形式，从而降低了成本，甚至创造了一个新型产业。由新技术引致的投资所生产的产品在市场上是可以出清的，因为其产品生产成本低于传统方法，或者它创造了一个新的市场，从而使投资者可以获得超额利润。只要这种新的生产方法、新产品和新技术被市场认可，这种以创新驱动的经济结构转型就一定会发生。新投资必然吸纳过剩的储蓄和从传统产业中转移出来的劳动力，于是，该国经济必然获得快速发展。

经济结构转型是否发生，还依赖于这个国家参与国际分工的程度和该国贸易政策是否开放。在封闭经济条件下，经济结构转型的难度非常大。因为封闭国家不得不生产其所需要的全部产品，考虑到诸如粮食之类的农产品是人们生活和生存的必需品，因此，该国必须有足够多的劳动人口从事农业生产，才能维持其国民的基本生存。于是，该国经济结构就必然被锁定为以农业为主。只有当粮食问题得到解决，农产品足够富余，出现了从农业转移出来的剩余劳动力时，从农业向工商业的转型才有可能发生。然而，对于一个封闭的国家而言，这种单纯由农业富余引起结构转型的可能性不大，除非这个国家的人口规模足够大。但即便该国的人口规模特别大，也只能在局部地区出现较低层次的结构转型，因为人口增多要求更多的农产品维持其基本生存。但是，如果该国实施的是开放的贸易政策，则该国可以将一部分农业活动外包或从其他国家购买农产品，从而转移出大量的劳动力专门从事工商业活动，以支持本国非农产业的发展。显然，这种经济结构转型之所以会发生，主要是因为本国放弃了一部分农业活动，从而使本国拥有更多的剩余劳动力从事工商业活动。

关于储蓄率变化对经济结构转型的影响，我们是这样考虑的：一国新增资本的形成在相当程度上决定于储蓄率和资本品生产部门的技术创新程度，而新增资本的形成又会对该国要素禀赋结构产生影响。在某一特定时期，从上一期进入本期的资本存量是给定的，于是，一个国家在这一时期的初始要素禀赋结构也是给定的。但是，当居民储蓄通过金融渠道转化为对企业的投资时，该国当期和未来的新增投资和资本存量就被内生地决定于储蓄率了。居民储蓄转化为对企业的投资意味着企业拥有了对资本品的购买力。理论上，生产企业会按照利润最大化的原则扩大其生产能力和资本存量，但它们必须从资本品市场购买资本品，才能形成实际的生产能力。生产企业之所以愿意从资本品生产部门购买资本品，一个更重要的考虑是资本品生产技术得到了改进，可以为生产企业创造更多的产量和价值。可见，一个国家资本的形成主要由两种因素决定：资本品的供给（来源于资本品生产部门的生产和技术进步）和对资本品的需求（来源于居民储蓄）。

一国储蓄率提高会引起该国资本存量增加，引起要素相对价格发生变化，促使该国经济结构从土地密集型产业向资本密集型产业转型。如果该国技术创新程度和技术先进性较高，那么，这种高水平技术就能支持更高的储蓄率和资本的形成，产生一个内生的资本大国，从而促使该国经济结构高效转型。尽管较高的储蓄率对居民当期消费和福利会产生一定的挤压作用，但是，由于有高水平技术支持的资本品生产行业可以形成更多的资本存量和更高的生产能力，因而，该国 GDP 和人均福利会在未来得到较大的提升。不过，如果该国资本品生产技术水平较低，那么该国就只能维持较低的储蓄率。如果人为提高储蓄率，资本品的供给就可能赶不上需求的增加，那么，即使储蓄率较高，新形成的资本也不会太多，这肯定不利于经济增长，因此，低技术水平下的高储蓄只能支持很少的新增资本的形成，因而，该国的 GDP 增长不可能太高。同时，由于储蓄挤压了消费，其人均福利水平也会很低。

第三，技术创新是经济结构转型的重要驱动力。由于技术创新可以给投资者带来高额回报，因此，技术创新通常会激发巨大的投资热潮。这种投资热潮会对中间产品、劳动力和其他生产要素产生巨大的需求，这通常又会大幅度地提高当地的工资率和其他生产要素的价格，从而使传统产业从该国被挤出。另一方面，技术进步对新增投资的形成和资本存量具有明显的正向影响。技术创新通常意味着产业链的延长、生产迂回程度的提高，这个过程必须有资本积累的支持。因此，技术创新程度提高通常也意味着资本存量增多，这将改变该国要素禀赋结构。本国资本存量的增多，会降低该国资本的相对价格，从而引导人们更多地使用价格较为合算的资本要素，并节约相对稀缺和价格较高的土地，于是，本国的经济结构就从土地密集型的传统产业向资本密集型的新型产业转型。技术创新及由此引起的经济结构转型有利于国民收入和人均福利的增长。人均福利的提高一方面来源于技术创新引起的产品种类的增加，另一方面则是由于经济结构转型提高了生产要素的配置效率。本国工业技术的创新不仅提高了本国居民的人均福利，而且对其他国家的国民收入和人均福利也会有一定的溢出效应。技术进步大幅度提高了本国资本品的产量和资本形成量，但储蓄率并没有发生变化，这实际上暗示本国储蓄率可能太低。若适当提高储蓄率，则可能对新增投资的形成产生更大的积极作用。在高技术创新模式下，该国通常会有较高的最优储蓄率支持该国经济结构转型，然而在低技术创新模式下，若人为提高储蓄率，虽然也会促进经济结构转型，但并不意味着经济增长可持续。

第四，制度对于国家之间的贫富差距和经济增长具有较好的解释力。这可以从三个方面来理解：其一，国内市场的改善和交易成本的降低会显著提升一个国家的竞争力。各国市场发育程度和市场交易费用对各个国家的竞争优势具有重大影响。当一个国家市场发育较好，制度性的交易成本和空间运输费用降低时，该国工商业将获得较好的发展，其国内的产业分工程度会显著提高，这时，其他国家的经济活动就会向这个国家转移和集聚，于是，这个国家的竞争力就增强了，其人均国民实际收入水平也会大幅度提高。反之，如果其他国家的国内市场交易费用降低了，即便本国国内市场交易费用不变，本国的相对交易成本仍然会提高，这将削弱本国经济活动的竞争力。许多大国常常受制于这一情况。历史上曾有一些大国（如中国的大清王朝和印度的莫卧儿王朝）自视强大，不思进取，拒绝改革，导致这些大国的国内交易费用较之西方国家要高得多，市场发育极为不善，结果这些国家衰落了。如果一个国家内部分裂，全国市场分割为许多独立的、自给自足的单元，各个单元之间没有发生贸易，或是贸易成本较高，那么，这个国家的经济发展也必然落后。中世纪欧洲的落后即源于此。相反，如果这个国家获得了统一，则其内部交易成本必然降低，这将有利于该国的经济发展。19 世纪末，德意志获得统一，随即开始了一轮工业革命。

其二，市场效率的改善或国内市场交易成本的降低对于经济结构转型具有一定的影响。一国国内市场效率的改善对各种经济活动，尤其是对那些具有投入产出联系的工业企业会形成全面的吸引力，而经济活动的集聚又会对土地租金率产生向上的压力，这就会对土地密集型的农业形成挤出效应，并由此促使该国经济结构从农业向非农产业转型。中国在 20 世纪 80 年代初对经济体制实施了大范围的改革，由此使国内市场交易效率得到了显著改善。这些改革措施成就了中国制造业大国的经济地位，同时也使中国从一个农产品自给自足的国家变成了农产品净进口国。在改革开放之前，中国实施公有制和计划经济，由于产权不清晰，加之失去了价格机制的信号显示和协调功能，各生产单位之间的资源配置成本（交易成本）都非常高，于是，中国各经济单元基本都处于自给自足的状态，其经济结构当然只能是以农业和大而全（自给自足）的工业企业为主。1978 年，中国经济体制改革从农村起步，实施联产承包责任制，允许农民种植经济作物，将多余农产品拿到市场上出售。这一市场化的改革措施立即在农村激发出前所未有的生产积极性，农业生产效率由此得到大幅度提高。这不仅解决了长期困扰当局的粮食问题，而且从农村解放了大批量的剩余劳动力。然后，中国的经济体制改革很快从农村扩展到沿海地区和各城市，各区域之间和各行业之间的转移壁垒被逐步解除，市场交易效率得到大幅度提高。由此，外商投资企业、本土民营企业、由国有和集体所有的改制企业都参与到市场中来，这些企业投资对劳动力产生了巨大的需求，从农村转移出来的剩余劳动力正好满足了新型工商企业对劳动力的需求。于是，中国经济结构开始从农业向工商业转型。之后，中国的经济体制改革进一步向纵深推进，市场交易费用持续降低，市场交易条件持续改善，中国的经济结构进一步从农业向工商业、从消费品工业向重化工业、从资源依赖型产业向技术密集型产业转型，这种经济结构转型大幅度提高了中国国民的人均实际收入。

其三，寻租型的国家管理体制通常会损害一个国家的竞争力。寻租利益的存在会强化一个国家的官本位文化，从而将该国的知识精英都吸纳到官僚体制中，削弱该国商业人才和科研人才的力量。中国古代强大的官僚体制一直给官僚阶层以特权收益，即便如开明的南宋亦未能跳出这一现象。这导致南宋始终无法产生支持技术创新的高级科研人员群体，也无法滋生支持工商业发展的企业家精神，这可能是南宋无法向近代工业转型的"硬伤"。国家对生产要素的控制会显著降低一个国家的竞争力。宋灭亡后，元、明、清政府均对资源实施强有力的控制，元政府把手工业和贸易都收归官办，由此导致民间手工业凋零。明朝对生产要素的控制有所放松，但仍实施严格的户籍控制和路引制度，这在相当程度上扼杀了工商业的活力，并抑制了经济结构转型。清政府进一步强化了对人口的控制，并重新把各行各业纳入政府的管制之下，于是，中国的经济结构重新从手工业退回到农业，城市化水平也进一步降低。而此时的欧洲已经摆脱了封建领主的控制，开始从农业向近代工业转型。欧洲由此向前高歌猛进，把中国远远甩在了后面。

　　第五，国家之间的运输成本较高是大国效应产生的一个重要条件。当国际运输成本较高时，大国可凭借其较大的人口规模和市场潜力，获得较高的人均实际收入。如果国家之间运输成本极高，各个国家之间的贸易将不可能发生，这时，世界经济将回到自给自足的封闭状态，大国优势将达到最大化，而小国则可能变得十分贫穷。如果运输成本下降，各个国家之间的贸易规模就会扩大，这些国家将同时从贸易中获益，但小国从中获得的利益更多，这将导致各个国家之间的收入差距缩小，于是，大国效应趋于减弱，但不会消失。大国效应始终存在，减弱的大国效应并没有消失，只是将其中一部分利益通过贸易渠道溢出到其他国家。可见，大国的发展有利于全球所有国家，和平共处和贸易开放是人类发展的基石，单边主义、以邻为壑的政策必然损害全人类的利益。

　　斯密从内生分工的角度对"国际贸易有利于所有参与国的成员"这一思想进行了论证，李嘉图用比较成本学说证明了任何国家都可以通过比较优势分工获得国际贸易的好处。李君华和欧阳峣（2016）的大国效应模型表明，国家之间的贸易会使所有参与国都从贸易中获益，但小国从中获益更多，其原因是：① 国际分工可以使各国专精于各自具有优势的产业；② 国际贸易扩大了参与市场的人口总规模，使全球分工程度更高，产品种类增加，于是，所有国家都可以从全球总人口规模的扩大中获得分工的好处；③ 小国在封闭经济条件下的分工程度较低，但一旦参与到全球市场，就可以从全球整体分工中得益，这类似于把该国归并于一个具有更大人口规模的经济体，因此，小国就从国际贸易中获得整体规模经济的好处。进一步说，如果多个小国之间通过降低贸易成本（包括降低关税和提高报关便捷性等）和实施开放的贸易政策而联合在一起，那么，这些小国就会获得国家集群的优势。在这些小国联合体与孤立大国相互竞争的时候，小国不一定会处于劣势。

参 考 文 献

[1] 艾德荣：《职权结构、产权和经济停滞：中国的案例》，载《经济学（季刊）》2005 年第 2 期。

[2] 范剑勇、谢强强：《地区间产业分布的本地市场效应及其对区域协调发展的启示》，载《经济研究》2010 年第 4 期。

[3] 〔美〕霍利斯·钱纳里、〔以〕莫伊思·赛尔昆：《发展的型式（1950—1970）》，李新华等译，经济科学出版社 1988 年版。

[4] 〔美〕拉铁摩尔：《中国的亚洲内陆边疆》，唐晓峰译，江苏人民出版社 2005 年版。

[5] 李君华：《产业集聚与布局理论：以中国制造业为例》，经济科学出版社 2010 年版。

[6] 李君华、欧阳峣：《大国效应、交易成本和经济结构——国家贫富差距的一般均衡分析》，载《经济研究》2016 年第 10 期。

[7] 李君华、欧阳峣：《欧洲大国发展道路的经验解释》，载《湖南师范大学社会科学学报》2017 年第 6 期。

[8] 李君华、彭玉兰：《公共物品、产业集聚和经济增长》，载《湖北经济学院学报》2017 年第 3 期。

[9] 李君华、彭玉兰：《中心—外围模型的错误和再求解》，载《经济学（季刊）》2011 年第 3 期。

[10] 李君华：《学习效应、拥挤性、地区的分工和集聚》，载《经济学（季刊）》2009 年第 3 期。

[11] 李君华：《知识溢出和产业集聚理论》，湖北人民出版社 2017 年版。

[12] 李君华、周浪：《产业布局理论的研究方法》，载《湖北经济学院学报》2017 年第

2 期。

[13] 林毅夫：《李约瑟之谜、韦伯疑问和中国的奇迹：自宋以来的长期经济发展》，载《北京大学学报（哲学社会科学版）》2007 年第 4 期。

[14] 林毅夫：《中国经济专题》，北京大学出版社 2012 年版。

[15] 〔英〕马歇尔：《经济学原理》，朱志泰译，商务印书馆 1997 年版。

[16] 欧阳峣：《大国综合优势》，格致出版社、上海三联书店、上海人民出版社 2011 年版。

[17] 欧阳峣等：《大国经济发展理论》，中国人民大学出版社 2014 年版。

[18] 欧阳峣：《中国大国经济学建设的构想》，载《经济学动态》2011 年第 8 期。

[19] 彭向、蒋传海：《产业集聚、知识溢出与地区创新——基于中国工业行业的实证研究》，载《经济学（季刊）》2011 年第 4 期。

[20] 皮建才：《李约瑟之谜的解释，我们到底站在哪里？——与文贯中、张宇燕、艾德荣等商榷》，载《经济学（季刊）》2006 年第 1 期。

[21] 皮建才：《权威委托机制与李约瑟之谜：基于文献的批判性思考》，载《经济科学》2009 年第 6 期。

[22] 钱学锋、梁琦：《本地市场效应：理论和经验研究的最新进展》，载《经济学（季刊）》2007 年第 3 期。

[23] 钱学锋、张艳君：《克鲁格曼真的错了吗?》，载《经济学（季刊）》2011 年第 3 期。

[24] 〔美〕斯塔夫里阿诺斯：《全球通史——1500 年以前的世界》，吴象婴、梁赤民译，上海社会科学院出版社 1999 年版。

[25] 文贯中：《中国的疆域变化与走出农本社会的冲动：李约瑟之谜的经济地理学解析》，载《经济学（季刊）》2005 年第 2 期。

[26] 〔英〕亚当·斯密：《国民财富的性质和原因的研究》（上卷），郭大力、王亚南译，商务印书馆 1972 年版。

[27] 〔澳〕杨小凯：《发展经济学——超边际与边际分析》，张定胜、张永生译，社会科学文献出版社 2003 年版。

[28] 〔澳〕杨小凯、黄有光：《专业化与经济组织——一种新兴古典微观经济学框架》，张玉纲译，经济科学出版社 1999 年版。

[29] 姚洋：《高水平均衡陷阱：李约瑟之谜再思考》，载《经济研究》2003 年第 1 期。

[30] 〔德〕约翰·冯·杜能:《孤立国同农业和国民经济的关系》,吴衡康译,商务印书馆 1986 年版。

[31] 张李节:《大国优势与我国经济增长的潜力》,载《现代经济》2007 年第 6 期。

[32] 张培刚:《新发展经济学》,河南人民出版社 1992 年版。

[33] 张宇燕、高程:《海外白银、初始制度与东方世界的停滞:关于晚明中国何以"错过"经济起飞历史机遇的猜想》,载《经济学(季刊)》2005 年第 2 期。

[34] 张宇燕、高程:《阶级分析、产权保护与长期增长》,载《经济学(季刊)》2006 年第 1 期。

[35] 郑捷:《如何定义大国?》,载《统计研究》2007 年第 10 期。

[36] Acemoglu, D. , J. S. Johnson and J. A. Robinson, 2002, Reversal of Fortune: Geography and Development in the Making of theModern World Income Distribution, *Quarterly Journal of Economics*, 117 (4).

[37] Acemoglu, D. and J. Robinson, 2012, *Why Nations Fail: The Origins of Power, Prosperity, and Poverty*, New York: Random House, Crown Publishing.

[38] Acemoglu, D. and J. Ventura, 2002, The World Income Distribution, *Quarterly Journal of Economics*, 117 (2).

[39] Acemoglu, Daron and F. Zilibotti, 1997, Was Prometheus Unbound by Chance? Risk, Diversification, and Growth, *Journal of Political Economy*, 105(4).

[40] Alchian, A. , 1950, Uncertainty, Evolution, Economic Theory, *The Journal of Political Economy*, 58 (3).

[41] Allen, T. and C. Arkolakis, 2013, Trade and the Topography of the Spatial Economy, NBER Working Paper 19181.

[42] Arellano, M. and O. Bover, 1995, Another Look at the Instrumental Variables Estimation of Errors-component Models, *Journal of Econometrics*, 68.

[43] Bairoch, P. , 1999, *Cities and Economic Development*, Chicago: University of Chicago Press.

[44] Baldwin, R. E. , 2001, Agglomeration and Endogenous Capital, *European Economic Review*, 43(2).

[45] Baldwin, R. , R. Forslid, P. Martin, G. Ottaviano, F. Robert-Nicoud, 2003,

Economic Geography and Public Policy, New York: Princeton University Press.

[46] Baldwin, R. and P. Martin, 2004, Agglomeration and Regional Growth, Handbook of Regional and Urban Economics, Vol. 4, Amsterdam: Elsevier.

[47] Barro, R. J. and X. Sala-i-Martin, 1992, Convergence, *Journal of Political Economy*, 100 (2).

[48] Barro, R. J. and X. Sala-i-Martin, 1995, *Economic Growth*, New York: McGraw Hill.

[49] Blaut, J. M. , 1993, *The Colonizer's Model of the World: Geographical Diffusionism and Eurocentric History*, New York: The Guilford Press.

[50] Blundell, R. and S. Bond, 1998, Initial Conditions and Moment Restrictions in Dynamic Panal Data Models, *Journal of Econometrics*, 87(1).

[51] Blundell, R. and S. Bond, 2000, GMM Estimation with Persistent Panal Data: An Application to Production Functions, *Econimetrics Reviews*, 19(3).

[52] Blundell, R. , S. Bond, and F. Windmeijer, 2000, Estimation in Dynamic Panel Data Models: Improving on the Performance of the Standard GMM Estimator, *Advances in Economics*, 15(2).

[53] Bond, S. , 2002, Dynamic Panel Data Models: A Guide to Micro Data Methods and Practice, CEMMAP Working Paper CWP09/02, Department of Economics, Institute for Fiscal Studies, London, 2002.

[54] Böhm-Bawerk, E. 1959, The Positive Theory of Capital, in George D. Huncke (trans.), *Capital and Interest*, Vol. 2, South Holland: Libertarian Press.

[55] Cassar, A. and R. Nicolini, 2008, Spillovers and Growth in a Local Interaction Model, *The Annals of Regional Science*, Springer.

[56] Capozza, D. , and R. van Order, 1978, A Generalized Model of Spatial Competition, *American Economic Review*, 68.

[57] Chamberlin, E. H. , 1962, *The Theory of Monopolistic Competition: A Re-orientation of the Theory of Value*, Cambridge, Mass: Harvard University Press.

[58] Coase, R. H. , 1937, The Nature of Firm, *Economica*, (4).

[59] Combes, P. , T. Mayer, and J. Thisse, 2008, *Economic Geography*, Princeton: Princeton University Press.

[60] Christaller, W. , 1933, *Die zentralen Orte in Süddeutschland*, Gustav Fischer, Jena.

[61] Diamond, J. , 1999, *Guns, Germs and Steel: The Fates of Human Societies*, New York and London: W. W. Norton & Company.

[62] Dixit, A. K. and J. Stiglitz, 1977, Monopolistic Competition and Optimum Product Diversity, *American Economic Review*, 67(3).

[63] Dupond V. , 2007, Do Geographical Agglomeration, Growth and Equity Confilct? *Papers in Regional Science*, 86 (2).

[64] Ekelund R. B. and R. F. Hebert, 1997, *A History of Economic Theory and Method*, McGraw-hill Companies, Inc.

[65] Elvin, M. , 1973, *The Pattern of the Chinese Past*, Stanford: Stanford University Press.

[66] Elvin, M. , 1984, Why China Failed to Create an Endogenous Industrial Capitalism: A Critique of Max Weber's Explanation, *Theory and Society*, 13(3).

[67] Fan, C. and A. Scott, 2003, Industrial Agglomeration and Development: A Survey of Spatial Economic Issues in East Asia and a Statistical Analysis of Chinese Regions, *Economic Geogrophy*, 79.

[68] Fujita, M. , P. Krugman, and A. J. Venables, 1999, *The Spatial Economy: Cities, Regions, and International Trade*, Cambridge: Massachusetts Institute of Technology.

[69] Fujita, M. and J. Thisse, 2002, *Economics of Agglomeration: Cities, Industrial Location and Regional Growth*, Cambridge: Cambridge University Press.

[70] Fujita, M. , and J. Thisse, 2008, New Economic Geography: An Appraisal on the Occasion of Paul Krugman's 2008 Nobel Prize in Economic Sciences, *Regional Science and Urban Economics*, 39 (2).

[71] Galor, O. and D. N. Weil, 2000, Population Technology and Growth From Malthusian Stagnation to the Demographic Transition and Beyond, *American Economic Review*, 90.

[72] Garretsen, H. , 2005, From Koopmans to Krugman: International Economics and Geography, in P. de Gijsel and H. Schenk (eds.), *Multidisciplinary Economics*, Vol. 2.

[73] Grossman, G. M. and E. Helpman, 1991, Quality Ladders in the Theory of Growth, *Review of Economic Studies*, 58.

[74] Hägerstrand, T., 1953, *Innovation Diffusion as a Spatial Process*, Chicago: University of Chicago Press.

[75] Hansen, G. and E. Prescott. 2002, Malthus to Solow, *The American Economic Review*, 92.

[76] Harris, C. D., 1954, The Market as a Factor in the Localization of Industry in the United States, *Annals of the Association of American Geography*, 44 (4).

[77] Helpman, E., 1999, R&D Spillovers and Global Growth, *Journal of International Economics*, 47 (2).

[78] Helpman, E., M. J. Melitz and S. R. Yeaple, 2004, Export Versus Fdi with Heterogeneous Firms, *The American Economic Review*, 94(1).

[79] Hoover, E. M., 1936, The Measurement of Industrial Localization, *Review of Economics and Statistics*, 18 (4).

[80] Hotelling, H., 1929, Stability in Competition, *Economic Journal*, 39.

[81] Isard, W., 1956, *Location and Space-Economy*, Cambridge, MA: MIT Press.

[82] Jones, R. W., 1971, A Three-Factor Model in Theory, Trade, and History, in Bhagwati, *et al.*, *Trade, Balance of Payments, and Growth: Essays in Honor of C. P. Kindleberger*, Amsterdam: North-Holland.

[83] Ju, Jiandong, Justin Yifu Lin, and Yong Wang, 2015, Endowment Structures, Industrial Dynamics, and Economic Growth, *Journal of Monetary Economics*, 76.

[84] Kaitila, V., 2004, Convergence of Real GDP Per Capita in the EU-15: How Do the Accession Countries Fit in? European Network of Economic Policy Research Institutes Working Paper, No. 25.

[85] Kremer, M., 1993, Population Growth and Technological Change: One Million B. C. to 1990, *Quarterly Journal of Economics*, 108 (8).

[86] Krugman, P., 1989, Industrial Organization and International Trade, NBER Working Paper, No. 1957.

[87] Krugman, P., 1991, Increasing Return and Economic Geography, *Journal of Political Economy*, 99(3).

[88] Krugman, P. and A. J. Venables, 1995, Globalization and the Inequality of Nations,

The Quarterly Journal of Economics, (4).

[89] Kuznets, S., 1966, *Modern Economic Growth: Rate, Structure, and Spread*, New Haven: Yale University Press.

[90] Kuznets, S., 1971, *Economic Growth of Nations: Total Output and Production Structure*, Cambridge: Belknap Press of Harvard University Press.

[91] Kuznets, S., 1973, Modern Economic Growth: Finding and Reflections, *American Economic Review*, 63 (3).

[92] Landes, D. S., 1998, *The Wealth and Poverty of Nations: Why Some Are So Rich and Some So Poor*, New York: W. W. Norton & Company.

[93] Lin, Justin, Yifu 1995, The Needham Puzzle: Why the Industrial Revolution Did Not Originate in China? *Economic Development and Cultural Change*, 43(2).

[94] Lin, Justin Yifu, 2011, New Structural Economics: A Framework for Rethinking Development, *World Bank Research Observer*, 26(2).

[95] Lin, Justin Yifu, 2015, The Washington Consensus Revisited: A New Structural Economics Perspective, *Journal of Economic Policy Reform*, 18(2).

[96] Lin, Justin Yifu, 2016, Later Comer Advantages and Disadvantages: A New Structural Economics Perspective, in M. Anderssan and T. Axelsson (eds.), *Can Poor Countries Catch up*, UK: Oxford University Press.

[97] Li, Junhua and Yao Ouyang, 2016, Large Country Effect, Transaction Cost and Economic Structure: A General Equilibrium Analysis of Rich and Poor Countries, *Economic Research Journal*, 51 (10).

[98] Lucas, R. E., 1988, On the Mechanics of Economic Development, *Journal of Monetary Economics*, 22(1).

[99] Lösch, A., 1940, *The Economics of Location*, New Haven: Yale University Press.

[100] Maddison, A., 1998, *Chinese Economic Performance in the Long Run*, Paris: OECD.

[101] Maddison, A., 2003, *The World Economy: Historical Statistics*, Paris: OECD.

[102] Malthus, T. R., 1951, *The Principles of Political Economy, Considered with a View to Their Practical Application*, New York: A. M. Kelley Publishers.

[103] Malthus, T. R., 1986, *An Essay on the Principles of Population*, London: W.

Pickering.

[104] Mankiw, N. G. , D. Romer and D. N. Weil, 1992, A Contribution to the Empirics of Economic Growth, *The Quarterly Journal of Economics*, 107(2).

[105] Martin, P. and G. Ottaviano, 1999, Growing Locations: Industry Location in A Model of Endogenous Growth, *European Economic Review*, 43.

[106] Martin, P. and G. Ottaviano, 2001, Growth and Agglomeration, *International Economic Review*, 42(4).

[107] Matsushima, N. , 2001, Cournot Competition and Spatial Agglomeration Revisited, *Economics Letters*, 73.

[108] Needham, J. , 1981, *Science in Traditional China: A Comparative Perspective*, Cambridge: Harvard University Press.

[109] Ohlin, B. G. , 1933, *Interregional and International Trade*, Cambridge: Harvard University Press.

[110] O'Rourke, K. H. , and J. G. Williamson, 1994, Late Nineteenth-century Anglo-American Factor-price Convergence: Were Heckscher and Ohlin Right? *European Review of Economic History*, 54(4).

[111] Ottaviano, G. I. P. , 2002, Models of 'New Economic Geography': Factor Mobility vs. Vertical Linkages, Mimeo, GIIS.

[112] Ottaviano, G. , T. Tabuchi, and J. Thisse, 2002, Agglomeration and Trade Revisited, *International Economic Review*, 43 (2).

[113] Pal, D. , 1998, Does Cournot Competition Yield Spatial Agglomeration? *Economics Letters*, 60: 49-53.

[114] Perkins, D. H. , and M. Syrquin, 1989, Large Countries: The Influence of Size, in Arrow, K. J. and M. D. Intriligator, *Handbooks in Economics*, Amsterdam: North-Holland.

[115] Redding, S. and M. Turner, 2014, Transportation Costs and the Spatial Organization of Economic Aconomic Activity, CEPR Discussion Papers, 10038.

[116] Ricardo, D. , 1951, *On the Principles of Political Economy and Taxation*. Cambrige: Cambrige University Press.

［117］Robert-Nicoud, F., 2002, A Simple Geography Model with Vertical Linkages and Capital Mobility, Mimeo, LSE.

［118］Romer, P. M., 1986, Increasing Returns and Long-Run Growth, *Journal of Political Economy*, 94 (5).

［119］Ropp, P. S., 1990, *Heritage of China*, Berkeley and Los Angeles: University of California Press.

［120］Rosenstein-Rodan, P., 1961, Notes on the Theory of the Big Push, in Ellis (ed.), *Economic Development for Latin America*.

［121］Salop, S., 1979, Monopolistic Competition with Experience Goods, *Bell Journal of Economics*, 10(1).

［122］Samuelson, P. A., 1954, The Pure Theory of Public Expenditure, *Review of Economics and Statistics*, 36(4).

［123］Samuelson, P. A., 1971, Ohlin Was Right, *Swedish Journal of Economic*, 73(4).

［124］Scott, A. J., 1986, Industrial Organization and Location: Division of Labor, the Firm and Spatial Process, *Economic Geography*, 62(3).

［125］Solow, R. M., 1956, A Contribution to the Theory of Economic Growth, *Quarterly Journal of Economics*, 70(1).

［126］Sun, G., and X. Yang, 1998, Evolution in Division of Labor, Urbanization, and Land Price Differentials Between the Urban and Rural Areas, Harvard Institute for International Development Discussion Paper.

［127］Uzawa, H., 1965, Optimum Technical Change in an Aggregative Model of Economic Growth, *International Economic Review*, 6.

［128］Venables, A. J., 1996, Equilibrium Locations of Vertically Linked Industrial, *International Economic Review*, 37(2).

［129］von Thünen, J. H., 1826, *Isolated State*, New York: Pergamon Press.

［130］Walras, Léon, 1874, *Elements of Pure Economics*, Willian Taffé (trans), Illinois: Irwin.

［131］Weber, A., 1909, *Theory of the Location of Industries*, Friedrich (trans), Chicago: University of Chicago Press.

[132] Weber, M. , 1964, *The Religion of China: Confucianism and Taoism*, New York: The Macmillan Company.

[133] Windmeijer, F. , 2005, A Finite Sample Correction for the Variance of Linear Efficient Two-Step GMM Estimators, *Journal of Econometrics*, 126(1).

[134] Young, A. , 1928, Increasing Return and Economic Progress, *Economic Journal*, 38.

[135] Yang, X. , 1991, Development, Structure Change, and Urbanization, *Journal of Development Economics*, 34.

[136] Yang, X. and J. Borland, 1991, A Microeconomic Mechanism for Economic Growth, *Journal of Political Economy*, 99(3).

[137] Yang, X. and Ng, Y-K. , 1993, *Specialization and Economic Organization*, *a New Classical Microeconomic Framework*, Amsterdam: North-Holland.